# 幡鼓齐动十三档

非物质文化遗产丛书
Intangible Cultural Heritage Series

高巍 著

北京出版集团公司
北京美术摄影出版社

图书在版编目（CIP）数据

幡鼓齐动十三档 / 高巍著. — 北京 ：北京美术摄影出版社，2015.10
（非物质文化遗产丛书）
ISBN 978-7-80501-857-7

Ⅰ. ①幡… Ⅱ. ①高… Ⅲ. ①民间艺术—介绍—北京市 Ⅳ. ①J12

中国版本图书馆CIP数据核字(2015)第218992号

**非物质文化遗产丛书**
**幡鼓齐动十三档**
FAN-GU QIDONG SHISAN DANG
**高 巍 著**

出 版 北京出版集团公司
北京美术摄影出版社
地 址 北京北三环中路6号
邮 编 100120
网 址 www.bph.com.cn
总发行 北京出版集团公司
发 行 京版北美（北京）文化艺术传媒有限公司
经 销 新华书店
印 刷 北京方嘉彩色印刷有限责任公司
版 次 2015年10月第1版第1次印刷
开 本 190毫米×245毫米 1/16
印 张 14.5
字 数 208千字
书 号 ISBN 978-7-80501-857-7
定 价 68.00元
质量监督电话 010-58572393

## 组织编写

北京市文学艺术界联合会

北京民间文艺家协会

# 序

PREFACE

赵　书

2005 年，国务院向各省、自治区、直辖市人民政府，国务院各部委、各直属机构发出了《关于加强文化遗产保护的通知》，第一次提出“文化遗产包括物质文化遗产和非物质文化遗产”的概念，明确指出：“非物质文化遗产是指各种以非物质形态存在的与群众生活密切相关、世代相承的传统文化表现形式，包括口头传统、传统表演艺术、民俗活动和礼仪与节庆、有关自然界和宇宙的民间传统知识和实践、传统手工艺技能等，以及与上述传统文化表现形式相关的文化空间。”在北京市“保护为主、抢救第一、合理利用、传承发展”方针的指导下，在市委、市政府的领导下，非物质文化遗产保护工作得到健康、有序的发展，名录体系逐步完善，传承人保护逐步加强，宣传展示不断强化，保护手段丰富多样，取得了显著成绩。

2011 年，第十一届全国人民代表大会常务委员会第十九次会议通过《中华人民共和国非物质文化遗产法》。第三条中规定“国家对非物质文化遗产采取认定、记录、建档等措施予以保存，对体现中华民族优秀传统文化，具有历史、文学、艺术、科学价值的非物质文化遗产采取传承、传播等措施予以保护”。第八条中规定“县级以上人民政府应当加强对非物质文化遗产保护工作的宣传，提高全社会保护非物质文化遗产的意识”。为了达到上述要求，在市委宣传部、组织部的大力支持下，北京市于2010年开始组织编辑出版“非物质文化遗产丛书”。丛书的作者为非物质文化遗产项目传承人以及各文化单位、科研机构、大专院校对本专业有深厚造诣的著名专家、学者。这套丛书的出版赢得了良好的社会反响，其编写具有三个特点：

第一，内容真实可靠。非物质文化遗产代表作的第一要素就是项目内容的原真性。非物质文化遗产具有历史价值、文化价值、精神价值、科学价值、审美价值、和谐价值、教育价值、经济价值等多方面的价值。之所以有这么高、这么多方面的价值，都源于项目内容的真实。这些项目蕴含着我们中华民族传统文化的最深根源，保留着形成民族文化身份的原生状态以及思维方式、心理结构与审美观念等。非遗项目是从事非物质文化遗产保护事业的基层工作者，通过走乡串户实地考察获得第一手材料，并对这些田野调查来的资料进行登记造册，为全市非物质文化遗产分布情况建立档案。在此基础上，各区、县非物质文化遗产保护部门进行代表作资格的初步审定，首先由申报单位填写申报表并提供音像和相关实物佐证资料，然后经专家团科学认定，鉴别真伪，充分论证，以无记名投票方式确定向各级政府推荐的名单。各级政府召开由各相关部门组成的联席会议对推荐名单进行审批，然后进行网上公示，无不同意见后方能列入县、区、市以至国家级保护名录的非物质文化遗产代表作。从书中各本专著所记述的内容真实可靠，较完整地反映了这些项目的产生、发展、当前生存情况，因此有极高历史认识价值。

第二，论证有理有据。非物质文化遗产代表作要有一定的学术价值，主要有三大标准：一是历史认识价值。非物质文化遗产是一定历史时期人类社会活动的产物，列入市级保护名录的项目基本上要有百年传承历史，通过这些项目我们可以具体而生动地感受到历史真实情况，是历史文化的真实存在。二是文化艺术价值。非物质文化遗产中所表现出来的审美意识和艺术创造性，反映着国家和民族的文化艺术传统和历史，体现了北京市历代人民独特的创造力，是各族人民的智慧结晶和宝贵的精神财富。三是科学技术价值。任何非物质文化遗产都是人们在当时所掌握的技术条件下创造出来的，直接反映着文物创造者认识自然、利用自然的程度，反映着当时的科学技术与生产力的发展水平。丛书通过作者有一定学术高度的论述，使读者深刻感受到非物质文化遗产所体现出来的价值更多的是一种现存性，对体现本民族、群体的文化特征具有真实的、承续的意义。

第三，图文并茂，通俗易懂，知识性与艺术性并重。丛书的作者均是非物质文化遗产传承人或某一领域中的权威、知名专家及一线工作者，他们撰写的书第一是要让本专业的人有收获；第二是要让非本专业的人看得懂，因为非物质文化遗产保护工作是国民经济和社会发展的重要组成内容，是公众事业。文艺是民族精神的火烛，非物质文化遗产保护工作是文化大发展、大繁荣的基础工程，越是在大发展、大变动的时代，越要坚守我们共同的精神家园，维护我们的民族文化基因，不能忘了回家的路。为了提高广大群众对非物质文化遗产保护工作重要性的认识，这套丛书对各个非遗项目在文化上的独特性、技能上的高超性、发展中的传承性、传播中的流变性、功能上的实用性、形式上的综合性、心理上的民族性、审美上的地域性进行了学术方面的分析，也注重艺术描写。这套丛书既保证了在理论上的高度、学术分析上的深度，同时也充分考虑到广大读者的愉悦性。丛书对非遗项目代表人物的传奇人生，各位传承人在继承先辈遗产时所做出的努力进行了记述，增加了丛书的艺术欣赏价值。非物质文化遗产保护人民性很强，专业性也很强，要达到在发展中保护，在保护中发展的目的，还要取决于全社会文化觉悟的提高，取决于广大人民群众对非物质文化遗产保护重要性的认识。

编写“非物质文化遗产丛书”的目的，就是为了让广大人民了解中华民族的非物质文化遗产，热爱中华民族的非物质文化遗产，增强全社会的文化遗产保护、传承意识，激发我们的文化创新精神。同时，对于把中华文明推向世界，向全世界展示中华优秀文化和促进中外文化交流均具有积极的推动作用。希望本套图书能得到广大读者的喜爱。

2012 年 2 月 27 日

# 序

PREFACE

高　巍

幡鼓齐动十三档是民间花会的代表，但其实际品种和数量远远超过这一数字。一年正月十五，笔者在延庆县城有幸看到一场花会巡游，见一猪头狮子的表演甚为有趣。狮身豪迈威武，但头却一劲地往地上拱，与北方传统舞狮不太一样。后得知这是猪头狮子，身为狮，头为猪，所以才会往地上拱。再如房山的中幡表演，一改中幡仅为男子耍的传统，女子也可参加，着实新奇。

民间花会表演种类繁多，而其发展到今天，一方面令人欣慰，另一方面也为其未来而担忧。花会的生命力在哪里？它到底有没有未来？作为一项非物质文化遗产项目，对它如何进行保护与传承？这是亟待考虑的问题。

而这些问题的解决不仅仅只依靠花会本身，也要借助政府与社会大众的力量。民间传统源于民间，对本民族文化的认同是其生存的基础。花会作为中国某些传统节日的重要内容，承担着走出国门、走向世界的责任，是弘扬中国文化的重要载体。只有认识它、认同它，遵循它发展的规律，在保持传统的基础上融入新的内容，才有利于它的传承与发展。

《幡鼓齐动十三档》一书在这些方面做了一些努力与新的尝试，也表达出一些感悟，做到了理论与实践兼备、传统与新气象的有机结合。此书将精品十三档及会档的会规一一展示，以期更多的人可以了解花会、认识花会，关注民间传统文化的传承与发展。

2015 年 4 月 10 日

# 前言

FOREWORD

民间花会源远流长，早自汉朝即已有之。十三档是宫廷流入到民间的技艺，比如太常寺的狮子、兵部的杠箱等。封建王朝灭亡后，那些表演者也随之不见了踪影，仅有个别传承人还掌握这种技艺，给奄奄一息的十三档留下了火种。

谈起十三档的恢复，著名的民俗学者高巍先生感慨万千。

当受邀参与厂甸庙会策划之际，他的第一个愿望就是要在此时推出民间花会中的精品十三档。因为厂甸庙会已是国家级的非物质文化遗产，而且以京味浓郁作为特色。在厂甸庙会上推出十三档花会，才有利于突出京味文化的特色。

然而，当高巍先生将这一想法提出之际，却遭到与会会首的质疑。一来，十三档花会已失多年，其中的杠箱会自清王朝灭亡后就已基本断档。二来，当时已是年底，离厂甸庙会开幕不足三个月，要想在这么短的时间内重现十三档花会，这几乎是不可能的事。

经过整整一天激烈的讨论，民间花会的会首们终于决定做一次勇敢的尝试，要在兔年的庙会上恢复十三档，要为北京的民间花会界争口气，让大伙儿看看，老祖宗传下来的玩意儿没在他们手中丢了。讨论完的第二天下午，民间花会泰斗隋少甫的两位弟子黄荣贵先生和赵宝琪先生就跑到丰台区玉泉营去找跨鼓会，落实这家后接着又到右安门找另一位表演传承人。大家来回奔走一个多月，终于集齐了完整的十三档。

高巍感慨道：“其实只需要提供一个平台，湮没在民间的传统文化，就像烧不尽的野草，春风一吹，它又会顽强地成长、壮大起来。”

摘自2011年1月28日《参考消息》

2011年厂甸庙会开幕式上，民间花会精品十三档在断档几十年后，重现于世，场面热闹。一位80多岁的老大爷边拍巴掌边自言自语：“这么好的玩意儿，花钱看都值。”仰山开路的一对少年练儿龙龙和妞妞几乎成了当时的主角。他们的表演不仅充满活力，而且技艺近乎成熟，几个高难动作做下来，赢得满堂的喝彩。

看着大伙的卖力表演以及全场热烈的气氛，我的心中也涌起一阵又一阵的激动。那天我的现场解说，几乎是这么多年来最成功的一次。大家齐心合力为民间花会赢得了尊重，也即将迎来事业的又一个春天。

北京民俗博物馆也曾为恢复“幡鼓齐动十三档”做出过努力，其成果也曾在东岳庙庙会上进行过展示。民间花会精品十三档已列入北京市非物质文化遗产名录，正向着国家级冲刺。

精品十三档的价值包括以下几个方面：

1. 主要是以艺术的形式，生动地体现了北京文化。北京作为首都，是全国的文化中心。官方的提倡和参与，促进了精品十三档的产生和发展。而北京文化的包容性，也促进了北京文化与多地域文化的交流，进而提升其中的精华，形成花会这一最具代表性的民间艺术。

2. 它的丰富的艺术形式有利于最大限度地满足广大民众的精神文化需要。在精品十三档中，有动有静，动的欢快热闹，静的娴雅淑贤；有文有武，文的韵味悠长，武的技巧精湛，回味无穷。在艺术形式上，它涵盖了民间舞蹈、武术、杂技、曲艺、戏曲甚至车技等多个领域，动静结合，唱做结合，场面、服装、音乐结合。几乎没有哪一种艺术形式可以涉及如此多的领域，它带给人全面的艺术享受，并以积极向上的正能量鼓舞人、教化人。

3. 它与百姓生活的紧密联系非其他艺术形式可比。这种联系体现在两个方面：一方面是参与的广泛性，不管老少，只要喜好，都有机会成为练儿，而且观众看得兴起，也可加入其中过把瘾；另一方面是渗入民众生活方面的紧密性，大凡年节庙会、朝顶进香、商业活动，几乎都能看到民间花会的身影。那清脆的锣鼓一旦响起，优美的舞姿一经展现，必然吸引周围的观众，形成热闹的场面。

民间花会表演，原本是用于酬神的仪式，可如今自娱的成分越来越大，成为广大民众表达感情、渲染喜庆气氛、欢度传统年节的必备艺术形式。

精品十三档，既是民间花会众多形式中的代表，往往也被代指北京民间花会的全体。毕竟，这十三档不光是精华，还与皇家具有紧密的联系，拥有众多的传说故事，在民众心中具有广泛的影响力。

面对市场经济的新形势，民间花会界在推出精品十三档的同时，也试图从中探索民间花会新的发展之路，既要传承，又要发展，使之保持长久的旺盛生命力。

# 目录

CONTENTS

第三章

## 花会的历史沿革 63



第四章

## 花会的会档（上） 83

# 第一章 十三档概述

“幡鼓齐动十三档”体现了北京民间花会，尤其是武会的精华。人们往往将其附会于庙中的具体物件，以表明其作为酬神活动的庄严、神圣。同时，这些会档的出身，还显示了与皇家的某种紧密联系和不凡的身份。人们还将这十三档作为北京民间花会的代表，甚至作为北京民间花会的统称而沿袭下来。这不仅体现了北京作为全国的政治中心和文化中心的地位，而且反映了它包容、吸收、融合的特点。

## 第一节

## 十三档是北京民间文化的结晶

民间的文化交流和影响是促进民间花会发展的积极因素。北京自古就是一个多民族聚居的地区，除华夏族外，还有山戎、岁貉、葶离、肃慎、东胡、楼烦、匈奴等民族先后在这一地区流徙和居住。这些民族对以后北京地区乐舞文化的形成和发展产生了很大影响。隋唐时期，除汉族外，还有大量粟末靺鞨、突厥、契丹、奚、室韦、高丽、新罗、回纥等民族曾在北京城内外定居。经过辽、金、元、明、清，北京逐步发展为全国政治中心。这种多民族杂居，不同的文化习俗和民间歌舞技艺荟萃争荣、交流吸收，构成了历史上北京民间花会的显著特色。

据史料记载，燕国时期，北京地区的乐舞已很发达。燕地人喜歌善舞，蓟城民间艺人很多，他们常在集市、酒肆就地做场，击筑鼓琴，引吭高歌。燕国官府设有女伶官，管理着一批能歌善舞的优伶和乐师，以供王公贵族寻欢作乐。燕国还常与其他地区、不同民族的乐舞文化进行交流。《拾遗记》记载：“燕昭王即位二年，广延国来献善舞者二人，一名旋娟，一名提嫫，并玉质凝肤、体轻气馥，绰约而窈窕……”她们擅长之舞，“一名《萦尘》，言其体轻与尘相乱；次曰《集羽》，言其婉转若羽毛之从风；末曰《旋怀》，言其肢体缠曼，若人怀袖也”。

魏晋南北朝时期，汉族和许多少数民族的乐舞在幽燕地区广为流传。至今保存在北京西山脚下车耳营村石佛寺（寺已坍毁）中的一尊北魏造像，为我们提供了可靠的历史依据。造像为石雕立像，制作于北魏太和二十三年（499年）。1984年，在海淀八里庄发掘的一座北魏正始五年（508年）的墓葬中，出土两个随葬陶制女舞俑，头梳高发髻，身穿长筒裙，右臂伸向右下方，左臂向左上方举起，做翩翩起舞状，像是汉族舞俑。

北京曾长时间作为陪都和都城，各族的乐舞文化从宫廷到民间进行着更为广泛的交流。

金朝是女真族的政权，宫廷宴会常有汉族民间乐舞“大旗”“狮豹”“刀牌”“迓鼓”等表演。当时女真人学习汉族风俗和乐舞文化之风很盛，甚至忘掉了本民族风俗文化。

蒙古族进入中原以前，已流行“绕牖松树而舞”的群舞。其建立统一的全国政权后，仍保留着这种形式的民间舞蹈。明清两代，各民族各地区乐舞的交流更加频繁。两代宫中都设有专门管理音乐、舞蹈的机构——乐部。

清乾隆十四年（1749年）清兵入大小金川时，曾带回了一些藏族人和苗族人，让他们定居京师，并下旨让一部分少年儿童学习歌舞，每逢喜庆节日，习舞者应召入宫表演“耍狮子”“锅庄”等。清代宫中太监组成的戏班中，也有不少学习民间歌舞技艺者，所学种类繁多，有跳狮子、什不闲、五虎棍等。清廷有些官府和八旗兵营中，也办汉族民间舞蹈技艺会档，如兵部的杠箱、礼部的中幡、户部的秧歌、刑部的棍、老太府的花坛（耍坛子）、掌仪司的狮子舞以及翰林院的五虎棍等。除此，每逢宫廷举行节日庆典和祝寿活动时，还常召一些民间的歌舞会档入宫或到万寿寺、颐和园等地同戏曲一起演出。《清升平署存档事例漫抄》载：“七月初一日，漱芳斋承应：探塔、冥勘、十字坡……吵子、秧歌、斗柳翠、太平锣鼓、什不闲、跑旱船、狮子、五虎棍（光绪五年恩赏记档）。”清末宫廷女官裕容龄著《清宫琐记》中也写道：“五月初四到初六，照例在德和园演戏三天，中午十二点，照例上演‘过会’。演员都是外边找来的，有秧歌、高跷、狮子等。”

北京民间花会表演的艺术形式，是明清时从全国各地传来的。如大兴县有许多于明洪武年间由山西移民组成的村落，于是在那里建起了山西的民间歌舞会档。又如白纸坊的太狮和跨鼓是明代燕王朱棣从安徽带来的；丰台区孟家村的旱船乃由山东孟府传来；昌平区后牛坊村的花钹大鼓为山西洪洞县逃荒艺人所传授等。今北京还有许多民间舞蹈技巧会档，这是长期以来由汉族、回族、满族、蒙古族等各族人民共同组成的，如朝阳区红寺村的地秧歌，舞者多为满族人；海淀区蓝靛厂的五虎少林会，乃汉族、满族、回族各族群众所组成；由汉族、回族群众共同组织的五虎棍会，成为宣武区牛街群众一项重要的民间艺术活动。此外，北京的中幡会，汉族、满族、蒙古族各族群众皆有组织。

第二节

# 十三档民间花会的组织概况

北京不仅集中反映了各民族的文化，也融合了南北各地以及许多民族的宗教信仰和风俗，形成了丰富多彩的岁时节令和生活习俗。在许多节日习俗中，民间花会活动往往是不可缺少的内容，因此，北京的民间花会活动频繁而多样。旧时，北京将各种民间歌舞技巧活动称“走会”“过会”“出会”。往日的北京“四时有会，每月有会”，“会则摊肆纷陈、士女竞集”，“纸幡、使叉、秧歌、花鼓”，诸般技艺，斗奇争胜。走会活动既是北京风土人情的反映，也是民间艺术的盛大聚会，它们成为北京人民生活中不可缺少的组成部分。其主要活动可归纳为以下几个方面。

## 一、节日活动

北京的岁时节日，既有全国性的，也有地方性的；既有源于原始信仰的遗俗，也有佛道等宗教的节日。其中春节、灯节、燕九节、清明节和中元节等都有民间歌舞活动。

尤其是灯节、春节之际，在灯的海洋中，各种民间舞蹈技艺，如大头和尚、秧歌、什不闲、杠子、竹马、太平鼓、扑蝴蝶、龙灯、打花棍等，或于闹市打场表演，或于街头巡游走会，为节日增添着欢乐的气氛。此时，人们竞相嬉游于灯街月下，歌舞丛中。车马塞路，人烟如潮，常使“九轨之衢，竟夕不能举步”（《天咫偶闻》卷三）。杨元长《部门元夕张灯记》对当年廊房的灯夕盛景曾做过生动的描写：“张灯之地，以正阳桥西廊房为最……巷隘而冲，不容并轨……向夕灯悬，远近游观，不下万人。施放烟火，鼓吹弦索，走桥，击唱秧歌，妆耍大面具，舞龙灯诸戏，亦趁喧杂。蚁聚蜂屯，纷沓尤甚。巷多楼居，灯影上下参差，辉灿如昼。”此情此景，正如清代文人所描绘：“灯满鳌山月

满街，花锣花鼓打如雷。”（元景《杂咏篇》）“已逐西凉狮子去，还逢调象夜深回。”（秦松龄《上元词》）

北京春节期间民间走会中，有挨门串户表演之习俗，表示拜年送福。走会时，乡民或店铺还时常有“接桌”之举——于街头或店铺门前，放上桌子，上摆茶水点心诸物，邀请会档表演。此时，被邀之会，常撂档演出最好的节目，表示对接桌者的回敬。

## 二、朝顶进香等酬神仪式

### 1. 走香会

昔日北京城乡庙宇栉比林立，大多数庙宇都有开庙祭日，称“庙会”。民间会档常参加此种庙会祭祀活动，称走“香会”或“香道会”。在《元史·祭祀志》中已有记载。元代，大都举行的源于佛教的“行像”大会甚为隆重，喇嘛教在做佛事时，僧人和歌舞百戏一起歌舞游街，叫作“游皇城”。届时，仪仗、钹鼓、乐器、队戏、杂把戏等队伍长达30余里。参加者“皆官给铠甲，袍服器仗……珠玉金锈，装束奇巧”，“都城士女，闾阎聚观”，为今日北京走会之滥觞。北京的香会可分两种：一种是以祀神为名，商业和游乐为主，间有少量歌舞技艺表演；另一种是以朝庙进香活动为主，有大量民间歌舞技艺“朝顶”献艺。前一种庙会有蟠桃宫金母列仙庙、琉璃厂火神庙、南顶娘娘庙等；后一种庙会较多，其中主要者为“三山”（今门头沟区之妙峰山、平谷境内之丫髻山、京西模式口之天台山）“五顶”（东直门外之东顶、蓝靛厂之西顶、永定门外之南顶、天安门外之北顶、右安门外之中顶）。“三山五顶”中又以妙峰山、丫髻山最盛。

妙峰山庙会规模宏大。京城门外之开路、中幡、五虎棍、高跷秧歌、花钹大鼓、狮子等各种民间歌舞会档争相前往进香献艺。在去此庙的四股香道上，香客及各种民间会档夜以继日、络绎不绝，“人无停趾、香无断烟”。白天，旗幡招展、遮日蔽空；夜晚，灯笼火把，灿如列宿。香道两旁，有各种文会日夜为香客及民间会档服务。据奉宽于1914年前后对妙峰山走会会帖和碑文记载统计，文会当时有150多档，武会有200多档。每日前往者不下数万人，实为昔日北京最盛大之庙会。

北京的香会活动，外以城隍庙为最热闹。旧时北京有都城隍庙、江南城隍庙和宛平、大兴两县城隍庙共四处。每年农历四月二十二和五月初一，为宛平、大兴两县城隍出巡之日，宫府迎祭，沿途“百货毕陈”“士女拈香”，且“有舍身为马僮者，有舍身为打扇者，有臂穿铁钩悬灯而导者，有披枷带锁俨然罪人者”。民间歌舞会档随行表演，谓之“献神”。游人“沿街空巷，逐队而观”。另据艺人讲，每年农历清明、七月十五和十月初一，江南城隍庙庙会之期，也常有百余档民间舞蹈技艺参加演出。

北京还有许多以商业活动为主，并不礼佛，一月数市的定期庙市，以护国寺、隆福寺为最繁华，常有中幡、开路、什不闲等专业艺人于市中设摊表演。

### 2. 民间祭祀

旧时北京民间会档除参加庙会活动外，有的还参加城、乡各地举行的祭祀活动，如祭三官（天官、地官、水官）、龙王、仓神、财神、药王、关帝、窑神、蔡伦等。每遇旱年，人们常祭龙王祈雨。届时，祈雨者去“龙潭”“龙泉”旁，用小瓶取回潭水，或去龙王庙、龙泉寺里“偷出”龙王爷塑像，抬着游行。龙舞耍于队前，其他会档紧随于后，且行且舞，企望以虔诚之心求得龙王赐予甘霖。每年正月二十五的“填仓”日，人们以民间歌舞祭仓神，如朝阳区红寺村的地秧歌。每逢这一天，艺人们便捶鼓敲锣，随村民一起去永定门外祭仓神。村民们持香、带粮，携炮灰老人将灰在地上围一至数圈，带粮老人置粮于圈内，全体祭拜后，地秧歌开始进行表演。京西门头沟地区，村民多为煤矿工人，祭拜窑神和多种神祇。千军台、庄户二村的中幡会，是当时此种祭祀活动中的主要会档。两村共有三丈余高的大幡17面，上绣窑神、山神、土地、财神、玉皇、菩萨、关帝等神祇名和像。每年正月十五、十六两天，两村联合走会祭神，幡、秧歌、小车、旱船、大鼓、吵子等会档相间而行，钹鼓震天，笙管悦耳，浩浩荡荡，十分威严。北京白纸坊地区，过去是造纸坊聚集之地，居住着许多造纸工人，建有祖师庙，供奉造纸发明家蔡伦。每年农历三月十七蔡伦生日时，当地的太狮、跨鼓等会档常被用于祭祖师活动。

## 三、走局与打中台

往日北京的民间花会表演有走局和打中台两种形式。走局，即民间花会档受某单位、社会组织、家庭或个人的邀请进行表演。民国期间，为赈灾筹款或庆祝某类活动，曾在北海、中南海、太庙、先农坛等处走过多次大型局会。旧时北京有些富裕人家在办红白喜事时，亦有邀民间会档进行表演的。为办婚事、寿日、小孩满月、挂匾等表演的叫“红局”；为吊唁、接三、出殡、办周年等丧事而表演的称“白局”。参加红白局表演的以什不闲、文场等较多，间有五虎棍、少林、开路等。

打中台是指民间花会在固定场地或舞台上演出。如新庙落成或重修后“开光”时，多请民间会档在庙场或戏台上表演。有的会档如什不闲等被搬上舞台同戏曲等一起演出，也是打中台的一种形式。在天桥等地的杂耍场上，常有开路、中幡、什不闲、花坛等专业艺人进行卖艺表演，亦可称之为“打中台”。

民间走会有着严密的组织、会规和会礼。北京走会分文会和武会两种。文会是从事行善服务性质的组织，旧时多由有钱大户组织，主要是走香道会时，为寺庙、朝庙进香的香客和民间会档提供服务，如掸尘老会、拜席老会是在开庙前先到庙里清扫殿堂，为佛掸尘，献上拜席，为香客进香做准备；又如茶叶老会、馒头老会是给茶棚供客食用的；修路老会是专门修补进山香道的；缝绽老会是为跋山涉水前来进香的人们修鞋补绽的；燃灯会备有灯笼和蜡烛，为香客照明引路；还有诸如献盐老会、献油老会、献花老会、盘香老会等。凡是朝庙进香中所需物资和服务项目皆有文会组织。武会是扮演各种民间歌舞技艺的会档，如高跷、小车、狮子、五虎棍、中幡、开路、吵子、旱船、杠子、双石、少林等。北京民间舞蹈与武术、杂技结合，有悠久的历史传统。

北京将在走会中表演的各种民间组织也叫“会”，如高跷会、狮子会、龙灯会、中幡会等，一档会就是一个民间艺术团体。每档会都有较完整的组织方法和礼仪。组织一档会，需要有资金置办服装道具和各种响器及供会员的茶水食用等。办会有多种形式，在农村，如全村各户出钱、出粮办会叫“合村公益”；由本会会员出资办会叫“本会公益”；如城里一条街的住户拿钱办会称“合街公益”；由几个商号合资办会叫“合义助善”；还有很多是由有钱的富户为了“耗财买脸”出钱办会。

当若干档会在一起走会时，需要一位总会首“排档子”，即排列先后次序。一般皇会在最前，后按建会时间早晚或会档离演出场地远近而分先后。北京走会曾有“井字里”与“井字外”之分。“井字里”的主要指原大兴、宛平两县（即现在城内外部分地区）经过了贺会仪式的会档，其他则为“井字外”。“井字里”的会有“幡鼓齐动十三档”之说，民间艺人曾将当年排档顺序编成一则顺口溜：“开路（飞叉）打先锋，五虎（五虎棍）紧跟行，门前摆设侠客木（指高跷腿子），中幡抖威风，狮子蹲门分左右，双石门下行，石锁把门挡，杠子门上横，花坛（耍坛子）盛美酒，吵子（指锣、鼓、钹等演奏的文场）响连声，杠箱来进贡，天平（什不闲）称一称，神胆（跨鼓）来蹲底，幡鼓齐动庆太平。”相传这些会的道具都是由庙里的设备和器具演变而来，如杠子是庙门的门闩，石锁是庙门的石礅，太狮是山门前的石狮子，中幡是山门内两侧的旗杆，等等。

走香道会也有规矩礼法，据传是清代雍正八年（1730年）一位老道士所立，当时规定“赶驾心诚，参拜接送，逢纛者必拜，遇驾者当参，出入不乱，各守为规”，即请神驾要虔诚，见了驾须参拜，队伍出入要有秩序、规矩。如去妙峰山进香，沿途所设茶棚，就设有神驾纛旗，各档会到茶棚得先参驾上香，才能休息喝茶用饭。在走会途中还规定：两会同程为“矩”，见会参拜为“礼”，有语同答为“法”。这是指两会一块走时要讲规矩，谁应在前，谁应在后，见面时两会首要互相参拜、递帖，也叫“换帖和缘”。去朝庙进香时叫“保香”，笼幌上的旗角要系在一起；回来时叫“回香”，旗角要打开。两会路上相遇，回香的要让保香的先行，去者要对回者说：“您回香大喜，有功之臣，理当先行。”回来者则对去者说：“您大表在身，公事未了，理当先行。”互相尊重、礼让。如走会中两会相遇，要停锣息鼓而过；如同一方向，后边的会要超过前边的会，须经对方同意，前队列于两旁，后边的会偃旗息鼓，持笼箱而过。

走会中，如某档会要通过有会的村子时（此种村一般都设有标志：白天插三角旗于村口，晚上则挂灯笼），先由“前引”前去联系，对方允许，方可通过，否则须另择道而行。

各地区还有很多与当地民俗紧密相连的会规会礼。

## 第三节

# 十三档及其他花会的种类

据1983年普查，北京当时尚存的民间花会有四五十种，近2000个节目，大体可分为以下几种类型。

### 一、秧歌类

这类花会有高跷秧歌、地秧歌、老秧歌、凤秧歌、扑蝴蝶、什不闲等。它们大都具有秧歌的特点：走秧歌步、腰部扭摆、膝部颠颤，用逗场来进行人物之间的感情交流，表现丰富的生活情趣，同时多是有歌有舞的。表演形式一般分大场和小场，大场以走队形为主，小场或表演逗场或做技巧。其中以高跷秧歌最具有代表性。高跷分文跷、武跷、文武跷、跑跷。文跷以扭、逗为主；武跷以武功见长。文跷与武跷原来是泾渭分明的，后来随着人们审美情趣的变化，形成了文跷、武跷混合的文武跷，其表演是扭、逗与武功兼而有之。

◎ 充满剧情的秧歌步 ◎

◎ 高跷登场 ◎

◎ 武跷表演 ◎

## 二、敲打类

这类舞蹈有花钹大鼓、锅子会、吵子、太平鼓、大鼓等。其共同特点是舞者手持鼓钹或身挎大鼓边击边舞。表演多为固定套路动作，而且能造成宏大的声势。因此花钹大鼓往往放在舞队之尾，为压阵节目。民间称之为“神胆跨鼓”，意思是说它能形成壮胆扬威的效果。花钹大鼓多分布于京西、京北。大鼓在京东北地区较多。太平鼓则集中在西山一带。吵子流传于大兴县一些村庄。

◎ 大鼓表演 ◎

## 三、武术杂技类

这类表演有五虎棍、藤牌、狮子、龙舞、中幡、蝴蝶会、飞叉、杠箱、少林等。它们的特点是技巧高、难度大、具有惊险性，要求表演者艺高胆大。如五虎棍、少林、中幡、飞叉表演时，多种惊险动作贯穿在勇猛、迅捷的对打当中，各种器械驾轻就熟地玩转于身手之上，显示了技艺的高超和勇士的风度。五虎棍、少林在西郊、西南郊较多，因这一带群众素有练武之风。狮子舞遍布16个区、县，以太狮居多，有两种表演形式，一是以丈余长的长毛绒布作狮囊，风格古朴；一是狮头、狮囊道具形象逼真，表演威武、活泼。

◎ 五虎棍表演 ◎

◎ 太狮表演 ◎

### 四、故事情节类

其中有小车会、云车会、竹马、旱船、大头和尚逗柳翠、怕老婆顶灯、一枝梅、牛斗虎等。这类舞蹈大都表现历史故事或民间传说，扮演其中人物，通过对人物形象的刻画及故事情节的描述，或对社会上的美丑现象表示褒贬，或对人物的行为是非进行赞美和鞭笞。小车会遍布16个区县，是北京流传较广的舞种之一。其所表现的故事内容纷繁不一，驳杂多样。竹马亦流传于不少区县，有代表性的为延庆县的永宁竹马、怀柔县的沙峪竹马和密云县的古北口竹马。它们分别表现“昭君出塞”“萧太后打猎”和满族、蒙古族共守边关的情节。沙峪、永宁、古北口均地处关内外交通要冲，为我国历史上北方民族与中原交往之地。旱船流传在延庆、丰台、房山、昌平、平谷、怀柔等区县，内容和形式有较大差异，以延庆旱船较有代表性。

◎ 什不闲表演 ◎

## 第四节

# 十三档的艺术特色

### 一、庄重整齐、气势磅礴

北京的民间花会在表演方面注重严谨规范，讲究庄重壮观。各节目打场表演时伴奏乐队的位置及旗、笼、器械的摆设井然有序。很多会档

◎ 整装出场的花会会档 ◎

从表演内容、扮演人物、角色人数到表演技巧都有严格规定，而化装、服饰、道具等也十分讲究，不能违背及随意更改。如高跷中的文跷、武跷二者表演界限分明。文跷城里居多，每档会为十个角色（城外高跷多为12个或更多的角色），扮演的都是梁山好汉。人物分行当，做戏曲人物装扮，表演时人物排列有规定。所持道具均符合人物身份，动作规范。虽有扭逗，但逗而不俗，扭中有稳。“扭”讲究以胯带动跷腿，轻提顿落，扭摆适度，手臂缓推慢收，连接动作有脆劲，给人以典雅俏丽之感。舞中人物头陀所扮一般为鲁智深或武松，是英雄武士，渔婆所扮

有的是姑娘，渔翁所扮多为肖恩，系稳健长者，故皆不能挑逗调情。高跷演唱讲求京腔大韵。

多数会档出会前都要先进行参拜仪式，才开始走会。走会中仪仗、队伍排列有序，有皇会参加的会队，前面还有旗、锣、伞、扇、金瓜、

◎ 演出前的参拜 ◎

钺斧、朝天镫等，排列起来，逶迤数里。一路上旗、幡遮蔽天空，器械光耀日月，锣鼓声震大地，造就了英武雄壮的声威，浩然磅礴的气势。

北京长期是皇权统治的中心，需要庄重、壮美、组织严密的艺术表演以显示威风和气派。尤其是宫廷、贵族喜庆寿诞，民间花会要承差表演，而这些地方的规矩更为严格。清廷六大部及各王府也会举办官家会档，这些会档的表演恢宏庄重，格调典雅高贵。民间会档有一定的组织和会规，一档会要得到公认，需要经过贺会，符合规矩要求方能被承认。再加之北京是人文荟萃之地，社会上层及一般市民艺术鉴赏水平都较高。高跷、地秧歌、吵子、五虎棍、藤牌等诸多舞蹈中，整体气势威武雄壮，人物造型豪侠英武，动作刚健、粗犷、有爆发力。高跷、地秧歌中的武角格外突出，动作幅度大，力度强，技巧难中带险，显示了艺

◎ 吵子表演 ◎

高胆大的豪侠气概。吵子表演时，演员气宇轩昂，几十副大镲同时击响，惊天动地，催人奋起，整个表演犹如一群武士在拼搏厮杀。

## 二、技艺精湛、技巧高超

形成北京民间花会技艺精湛、技巧高超的原因，一是北京节令及庙会很多，民间花会汇聚频繁。这样相互间既能学习交流，又必然会引起比赛和竞争，从而起到促进民间花会技艺的丰富与发展，尤其是促进其技巧向高难发展的作用。二是北京人多才多艺的禀赋、争强好胜的心态，表现在民间花会的创造上，努力攀登技艺的高峰，以求扬名，受到尊重。三是舞蹈和武术、杂技相结合。北京人自古就具有侠义风骨及崇尚武功的精神，表现在走会时是舞蹈、武术、杂技等相混杂，平时排练则是习艺、练武、健身、壮胆相结合。清代八旗兵营中也有各种走会组织。以海淀区外火器营和密云县檀营的走会最为有名。每年正月十五在各营房关帝庙办花灯五天，内容除中幡、飞叉、耍坛子、扔石锁外，还有耍杠子等与平日练武结合的健身项目。当时，把类似今日单杠的器械拴在大马车上，一边行进，一边在杠子上上下飞舞，很引人注目。

## 三、情节生动、人物性格鲜明

北京民间花会有很多是带故事情节、刻画人物性格的。如高跷有的表现"梁山英雄劫法场搭救卢俊义"的内容，有的表演"十二精灵扮成各种人物戏弄张天师"的传说，有的表演"孙悟空三打白骨精"的故事。小车会则表现一家人逃荒途中克服各种困难的内容，或展示一家人同所遇路人一起赶庙会的场景，或表现三皇姑下界教化百姓，革除懒惰、勤奋耕织的故事。延庆旱船则表现"许仙与白娘子游西湖""八仙献寿""梁红玉抗金兵"等故事。

如高跷、地秧歌中的武扇，用大幅度翻袍襟、挥扇动作，以及缠

◎ 武扇表演 ◎

着文扇游龙戏凤般满场飞的表演，展现了英俊潇洒、风流倜傥的公子风度；文扇用风中柳般的身体扭摆和以扇遮面装羞带怯却又频送秋波，身子贴贴靠靠，若即若离的表演，塑造了思春少女的形象；丑婆和膏药运用耸肩、瞟眼、调情、逗趣等表演表现了诙谐滑稽、浪荡风骚的性格；渔翁运用蹲步、耍髯等动作塑造了稳健风趣的长者形象。高跷、五虎棍、杠子等会档的武角，动作刚健粗犷，奔放勇武，显示了英武强悍的豪侠气概；神胆、吵子表演时的激越癫狂，犹如酣战疆场的勇士；舞

◎ 丑婆 ◎

狮则通过雄狮摇首奋鬃、腾跃翻扑的动作造型，表现强悍雄壮之美。小车、天平等会表演则多具有刚柔相济的动作特点。

北京人对于有情节有人物的表演兴趣极大，而花会表演适应了这种需要。北京人还喜欢看戏，津津乐道于戏曲中的故事，尤其对京剧中采用舞、打、唱、做等艺术手段所塑造的人物形象更为喜欢，故与戏曲有紧密联系的花会表演深受北京人喜爱。

# 第五节
# 十三档的传承与发展

## 一、半个多世纪中民间花会的发展变化

1949年以来，尤其是改革开放30年来，传统庙会被赋予了新的内容，民间花会表演在新型庙会中仍占有重要地位。如近30年来在龙潭湖、地坛等地举办的盛大庙会和游园活动中，大量民间花会参与表演、比赛，成为最受群众欢迎的活动内容之一。以春节龙潭湖庙会中的“龙潭杯民间花会大赛”为例，从1987年至1992年举行了六届，每届参加比赛的花会都有百数十档。除本市节目外，还有辽宁、河北、天津、上海、云南、广西、四川、河南、山东、吉林等省市的节目。观众人数由首届的几十万发展到百余万，形成颇具规模的民间艺术节。

在国际国内一些重大活动中，北京民间花会也成为一支重要的生力军。新中国成立35周年国庆节，中幡、狮子、旱船、竹马、跑驴、太平鼓等十几种民间花会组成的庞大的民间舞队，成为文艺大军的重要组成部分，居于游行队伍之首。在活动的组织方面，随着改革开放、经济繁荣、人民生活的改善，群众文化机制也发生了很大变化。北京民间花会的内容和表演也有了较大发展。在内容上，力求表现新的生活和人物形象，如有的小车会，从传统的“逛庙会”“逃荒”等内容改革为“庆丰收”等。在表演上，经过发展提高的北京民间花会表演，既保持了鲜明的地方特色，又在一定程度上反映了新时代的精神风貌和人们的审美要求。所谓传统，仅从字面意义上看，包含“传”和“统”两重含义：“传”指时间维度上的传承、延续、流传；“统”指空间维度上的统一。从这个意义上说，所谓的“传统文化”并没有一个明确的时间界限，它承载着历史，也包含在现代文化传承过程中。传统总是随着社会发展，面对现代元素而不停地应对、吸纳和消化，传承的过程也就是传承者依据其所处的社会环境而将传统加以改

变的过程。传统的发展是内在与外在的统一，任何特定文化传统都不是完全封闭自足的，它时刻处于与外来文化——“他者”传统相互交流、相互影响的过程之中，不仅对现在和未来开放，而且对“他者”开放。

## 二、非物质文化遗产与民间花会保护

无论是物质文化还是非物质文化，都是人类思想意识的结晶，两者是一个事物的两个方面。但在文化保护的过程中，人们往往忽略二者的关系，只把前者作为重点。如同老者娓娓道来的传说，传承人也在向社会展示着他们的生命历程，但不同的是，这些历程承载的是厚重的文化内涵。现存的文化传承人往往都经历了社会的变迁，他们习得的技艺和思想在现代社会中需要适应新局面。

妙峰山、丫髻山等庙会对花会有着特殊的意义，它为花会几百年来的发展提供着场所，见证着花会的兴衰，也是向世人展示花会在继续兴盛的仪式空间。2005年政府提出非物质文化遗产保护政策，并鼓励各民间花会会档申请进入非物质文化遗产名录。为了花会的发展，花会界老前辈曾向妙峰山管理处多次提起要组织会首、统一规矩的事。因为，花会要发展就要创新，不是某一个会的创新，而是京城所有花会集体创新。而创新的唯一途径就是统一规矩，让花会成为一个整体而不是散沙。除此之外，还必须将花会本质纳入和谐社会的内涵中，“花会的本质就是和谐”的观点被提上日程。花会种类繁多，但每次到妙峰山集会都秩序井然，即使是平日里的表演也体现了祥和喜庆的气氛，花会体现了一种团结的精神，一种和谐社会的精神！

不论是非物质文化遗产还是和谐社会，民间花会要追求的是花会传统能在新社会与政府导向契合，通过这一契合，运用“官方认可”这一突破口为花会寻求生存和发展之路。回顾花会界许多前辈从结缘花会至今，不论是在兴盛时期与花会共辉煌，还是在现代社会中守卫传统，官方的导向力量不容忽视。任何一种文化的生存和发展，总是要与国家的指导方向相契合。

政府开始推行非物质文化遗产保护工作，民间信仰是保护的核心工作之一，显示了政府对民间信仰的承认和支持。花会作为一种表达民众信仰、传承民间技艺的组织，近年来的复兴和发展，一定程度上得益于非物质文化遗产保护工作的推动。花会成员们也自知传统花会想在现代社会中发展并不容易，仅靠花会自身力量还远远不够，他们希望得到国家的承认和政府的帮助。

进入非物质文化遗产名录，意味着成为了社会共同体的公共文化。被命名为遗产的程序就是一种公共文化的产生机制。非物质文化是一个表示自在状态的概念，只是表示特殊样式的文化的存在；非物质文化遗产是一个彰显文化自觉历程的概念，表明特殊样式的文化已经完成了权利主张、价值评估、社会命名的程序而成为公共文化。但是，京城的花会以血缘和地缘为联结纽带，传统村落的孤立和封闭使得孕育于其上的民间花会隶属于某一家族或单一村落，经多年历史传承下来的民间花会已被村民默认为自家之物。尤其是对于家族式传承的花会而言，如何实现其向社会公共文化的转变至关重要。

非物质文化遗产保护工作实施后，政府通过这种积极的社会动员方式，为民间花会表达意愿和寻求承诺提供了更加现实可靠的途径。在政府与民间花会的互动过程中，政府将每个花会作为独立的动员对象，此时政府给予花会提出意见和要求的权利。花会可以直接表达对政府的诉求，而政府会给予花会义务性的承诺。

当民间花会进入非物质文化遗产名录后，就具备了民族遗产和社会公共文化的性质，政府会将维护花会传承、复兴和发展作为其职责之一，所辖区域内的花会组织发展是否良好也会成为评价其政绩的有力考证。政府满足花会复兴和发展的需求，是义务所在，也是绩效所在；政府在非物质文化遗产保护的社会动员中，达成了与花会的互动，共同繁荣。

民间花会与民俗文化一样，植根于农耕社会的悠久历史，具有丰富的文化内涵。然而，在农耕文化向工业文明转化的历史时期，对传统文化的破坏使得民俗文化失去了载体。与此同时，外来文化又在强大商业力量的推动下进入我国，加快了对传统文化的冲击。民间花会所赖以生存的文化土壤迅速流失。

非物质文化遗产的保护有利于民族传统的弘扬。其积极作用体现在四个方面：一是尽可能地把尚存的文化形态记录下来，弥补过去历史的不完整；二是对各类非物质的文化典型开展调查、登记、评选，推动投入更多的人力物力进行保护；三是通过立法，运用法律手段对各种文化形态进行保护；四是扩大宣传和引导。

民间文化直接来源于大众生活，反映了大众的情感和诉求，具有广泛的大众基础。只有让更多的人认识到，包括民间花会在内的民族文化的真正价值，对它们的保护才会越做越好。

# 第二章 花会的概念

## 第一节

# 花会

### 一、花会与香会

“花会”这个叫法是20世纪50年代开始的，早先是叫“走会”或“过会”。它是传统的民间文化组织。城乡都有各种的花会组织。每到庙会之际，“京师游手，扮作开路、中幡、杠箱、官儿、五虎棍、跨鼓、花钹、高跷、秧歌、什不闲、耍坛子、耍狮子之类，如遇城隍出巡及各庙会等，随地演唱，观者如堵”（富夜敦崇《燕京岁时记》）。到了20世纪50年代，有人提出“走会”不够准确，而高跷、狮子、旱船、太平鼓等属于民间艺术之花，于是就把从事这些活动的民间文艺组织统称为“花会”。

北方“行香走会”，其目的为“各了心愿”。每年名山古刹，开山庆祝，各地信士弟子朝顶进香时，必有香会点缀其间。香会和朝山信士的虔诚，常有极大的感动人心力量。北京附近的大山场，以京西的金顶妙峰山和京东的丫髻山为最大。朝顶进香时，所有香会和朝山人，都一心向神，不生他想，路上绝无争吵之事，茶棚舍茶、舍盐、舍馒头，为人缝绽鞋，行人让路，态度都是极和蔼的，道一声“您虔诚”，有什么蹬鞋踩袜子的事全可以过去。进香信士，全目不斜视，有的行一步一叩头，或三步五步一叩首，真有由数百里外叩着来的。有的背了鞍子，40里山路忽上忽下地爬上来的。还有的戴全份铐镣，穿罪衣罪裙，扮成罪人的。他们都自苦肉身，都各有心愿，各了心愿。有不能朝顶进香的，或在家向山焚香礼拜，或由香烛店购买檀香木牌（木牌做长方形，上两尖切坡，分大小三等），写好姓名和不能朝山缘故，托人掷于庙中香炉内，也是各了一番心愿。

也有人说，“花会”一词原指四川成都一带每年春季举行的鲜花展销的集会，会期有时带有民间戏曲演出和武术表演。“花会”一词用来指民间艺术的表演形式是新中国成立后的事，民间文化艺术表演形式多种多样，丰富多彩，因而用“花会”作为其名称是恰如其分的。

北京地区早年间，寺庙会定期举行宗教仪式，期间吸引了民间众多的善男信女前往进香，从而形成了规模较大的民间集会，许多商贩借此机会前去展售商品，故而古代称这种集会为“庙市”，清代后期才将庙市称为“庙会”。部分香客结成团体，为庙会服务，这种团体则称为“香会”。香会又分为两种，一种称为“文会”，主要在沿路为香客搭茶棚、修路、挂灯、修鞋等，提供义务服务，因而又称为“坐会”；另一种是“武会”，沿途进行各种形式的技艺表演，酬神娱人，因而又称为“行会”或“走会”。花会主要指的是香会中的武会。但有些地方民间也有与武会的项目相同的表演形式，又不是用于寺庙进香之用，而是在年节或喜庆之日进行表演，故而称其为“香会”就不合适了，所以“花会”就成为了这些文艺表演形式的统称，同时也赋予了“花会”这个词以新的内涵。

庙会娱乐是中国古代庙会的重要功能之一。民间的这种宗教集会之所以会有如此长久的旺盛生命力，主要是因为它能够满足民众的精神需求和物质需求。对于前者，则主要是祈求护佑和慰藉。

另外，庙会也有非常世俗的一面。过去的城乡人民文化生活比较枯燥，娱乐活动很少。而宗庙的迎神花会却给了他们欢乐，从而增添了无穷的乐趣。随着宗教的日益规范化，庙会的娱乐功能逐渐超过宗教功能。在各种各样的庙会上，人们总是希望搞得热热闹闹，在表达自己的虔诚信仰的同时，也尽情享乐一番，放松身心，调剂劳作的紧张生活。

这些原因对于民间花会的繁荣提供了重要的外部条件。

## 二、花会的主要功能

### （一）酬神

在历史上，花会的主要功能就是酬神与娱人。在1949年以前，寺庙里所供奉的神佛是人们的精神寄托。要想风调雨顺、人口平安、消灾祛病，甚至升官发财、娶妻生子，都要去求神佛。求神佛时要许愿，什么好听说什么，一旦金榜高中了、发财了、病好了、媳妇娶上了、有孩子了，就认为是神佛的灵验，许了愿就要还愿，还愿即是酬神。信仰神佛的人，即便是无所祈求，每年庙会期间也要前去做些善事，有舍财的、有献艺的，为的是给自己积一些功德。在京郊农村，许多地方都保留着古戏台，这些戏台一般都建在寺庙的前面，戏台与大殿的方向相对，演戏自然是给神佛看的，这就明显地表明了文艺演出的酬神功能。

各种寺庙的庙会会期一般都选择在所供奉主神的诞辰进行，佛寺一般是农历四月初一到十五举办庙会，因为四月初八是释迦牟尼的生日，称为佛诞日。北京民间最为信奉的碧霞元君娘娘的生日是四月十八，因为届时她要回娘家而不在庙中，故而各地的娘娘庙只得提前给娘娘过生日，于四月初一至十五举办庙会。西便门外白云观庙会是正月初一到十九，因为正月十九是得道成仙的丘处机下凡度人的日子，又称为“燕九节”。东便门内蟠桃宫庙会是三月初一到初五，因为三月初三是王母娘娘的寿诞之日。成方街都城隍庙的庙会在五月十一，因为这天是城隍爷出巡的日子。在神佛诞辰的喜庆之日里，善男信女们组成花会前去献艺，无疑是为了讨得神佛的欢心，从而对人们倍加保佑。明《长安客话》载：“朝阳门外有古庙，以祀东岳天齐圣帝……三月二十八日圣帝诞辰，民间盛陈鼓乐幡幢，群迎以往，行者塞路。”明《宛署杂记》载：“十二日耍戒坛，冠盖相望，绮丽夺目，以故经行之处，一遇山坳水曲，必有茶篷酒肆，杂以妓乐，绿树红裙，人声笙歌，如装如应，从远望之，盖宛然图画云。”《清实录》载：“咸丰二年（1852年）正月三十，又谕，御史伦惠奏，京西妙峰山庙宇，每于夏秋二季，烧香人众，有无赖之徒，装演杂剧，名曰走会，请饬严禁等语。”以上史料所记述的，都是花会到寺庙献艺的情况。

花会的酬神功能在妙峰山庙会表现得最为明显。去妙峰山进香的道路称为香道，香道上每隔几里就有一座茶棚，供香客歇息之用。茶棚内供有神像，花会经过时要到茶棚内去烧香，表演一段技艺后，方准通过。到了山上的娘娘庙，每个花会会口都要在娘娘庙前进行献艺，以娱乐娘娘，讨娘娘的喜欢。

京西门头沟是产煤之地，每年腊月十七要祭祀窑神。每逢此日，不仅在窑神庙前的大戏台要请班子唱戏，还要把当地各村的花会都拉出来，在窑神庙前的空场子上，尽歌尽舞，这是花会酬神功能的集中体现。一是感谢窑神爷，在这一年里，保佑了窑井安全生产，出煤多，质量好，窑主赚钱多，工人们挣得多；二是祈求窑神爷保佑，来年矿井平安，不发生人身事故。

煤炭的集中产地是九龙山，有大小煤窑数百座，山上有座娘娘庙，供奉九天玄女娘娘。当地的矿工视九天玄女娘娘为煤业的保护神，每年农历四月二十九，从山下的龙凤坡娘娘庙抬上娘娘驾，送到九龙山上的娘娘庙去“避暑”，到九月初一再接回来。送娘娘上山这天，当地的花会“十三档十九会”一齐出动，护送娘娘驾，充作娘娘的仪仗，可排出三里地远。有叉会、中幡会、大鼓会、驾会、大旗会、狮子会、杠箱会、七星会、支单会、牌楼会、小车会、秧歌会、道经会，此为十三档，外加六个执事，包括两个蓝旗、两个传谕、一个头锣、一个二锣，也各算一档，合称十九会。把娘娘驾送上山后，天就黑了，把娘娘神像安置在大殿内之后，大家就在山上休息。

第二天太阳一出来，各会档的会首到殿中依次上香，然后各会档在庙前的空场上支摊表演，各献技艺。因时值仲夏，雨水增多，煤窑积水，无法生产，所以庙会之后各煤窑就停产了。等到九月初一，雨季一过，各档花会再请娘娘下山，各煤窑才开始恢复生产。

### （二）娱人

到庙会去进香，为了许愿或还愿之人究竟是少数，大部分都是去看热闹的，北京的老百姓谓之曰“逛庙”。前去逛庙的人们一是为了到庙市上去买东西，二是去看花会表演，由此可以体现出花会的娱人功能。由于有花会表演，才引得成千上万的北京市民前往观看。人们从花会的表演中，享受到美感，娱乐了身心，得到了欢乐，是一种精神上的享受。

除了庙会之外，在春节、灯节、中秋节等喜庆节日里，许多地方也都有花会表演，此时花会的功能淡化了酬神的色彩，主要是为了娱人，大家尽情娱乐，使节日更加喜庆。明代《帝京景物略》中，记载了东华门灯市在正月十五闹花灯时的情景："乐则鼓吹、杂耍、弦索，鼓吹则橘律阳、撼东山、海青、十番，杂耍则队舞、细舞、筒子、觔斗、蹬坛、蹬梯，弦索则套数、小曲、数落、打碟子，其器则胡拨四、土儿密失、乂儿机等。"文中所记述的都是花会表演的项目。这些花会一般在大街上、广场上表演，俗称"走会"，也叫"过会"。清末的《燕京岁时记》载："过会者，乃京师游手扮作开路、中幡、杠箱、官儿、五虎棍、跨鼓、花钹、高跷、秧歌、什不闲、耍坛子、耍狮子之类。"当时的会档已经非常之多了。《北平风俗类征》中记录了一首《看会诗》：

看会长长人碰人，不分男女汗津津。
未曾扮鬼先成鬼，枉把胭脂点朱唇。

可见前去香花会表演的人数之多，到处"人碰人"，为了看"香会"而挤得男女个个"汗津津"，汗水把脸上的胭脂香粉都冲花了。由此可见，人们看花会表演兴致之高。

在早年间，北京城里的民间技艺表演在日常时间也可以看到，例如天桥、鼓楼、白塔寺小市，各城门脸儿等地，平时都有民间艺人耍叉、耍坛子、练武术、耍中幡等，但他们这是属于卖艺，一是规模小，二是收费要钱，三是项目比较少。而庙会就不同了，会档多、规模大，并且全是义演，这种民间技艺的大展演怎么会不吸引人呢？当年老北京的各处庙会，会期各有不同，故而人们今天去逛这个庙，明天去逛那个庙，是当年北京市民，特别是闲暇无事的八旗子弟以及孩子们的一大乐趣。北京人好热闹，老话儿称旁观者为"看热闹"，把参与者称作"凑热闹"。旁观者与参与者共在一处，形成互动，演者尽兴，观者高兴，这才叫"热闹"。什么地方"热闹"，那就莫过于庙会了。各种花会庙前献艺，观众越多，表演者越兴奋，演得越起劲儿；而哪一档花会表演得最卖力气、最精彩，围绕的群众也就越多，这档花会也就越露脸，越有面子。庙会可谓是平民百姓的狂欢节。

在郊区，花会的表演机会就更多了，除去各种庙会之外，诸如春节、正月十五闹花灯、求雨、庆丰收，都是花会展演的机会。各村一般都有花会，有的还不只一档。表演者都是普通村民，群众参与性很强。花会表演完全是自娱自乐，是精神生活、文化生活的一个重要方面。如果几个村子的花会凑到一起表演，就产生了一种竞赛的意味，各自施展绝技，以赢得观众的叫好声，为本村赢得荣誉。这时的花会表演，酬神的色彩十分淡薄，而娱人的功能表现得十分强烈。

在京西门头沟区的大台地区有三个村子，分别是板桥、庄户、千军台，三个村子均相距三里远，都有幡会，每个幡会均有近20面幡旗（即中幡）。每年正月十五、十六、十七三天，三个村的幡会会进行互访。三个村轮流做主村，各占一天，客村的幡会到主村去表演，主村幡会在村口迎接，然后三个村的幡旗混合组队，进行表演。这种习俗起自明代，后来板桥村因某些原因退出，庄户和千军台二村的幡会表演活动坚持至今，并且在幡会的队伍中加入了小车会、扭秧歌等花会表演，使参与的人更多，场面更大，气氛也更热烈。

庄户和千军台二村有个风俗，在外工作的人们春节可以不回家，但正月十五、十六耍幡会这两天必须回来，嫁到外村去的姑娘也要都回娘家来，就为了这个幡会。两个村子都不大，每面幡旗要四个人举和表演，这样就需要80名二三十岁的青壮年男子，所以几乎各家都有人参加表演，有的家甚至是兄弟几人同上阵。自从中幡的表演队伍中加入了小车会、扭秧歌、高跷、太平鼓等花会之后，妇女们也不再仅充当观众了，而成为了花会的参与者、表演者。参与人员多，普及范围广，自娱自乐性强，是庄户、千军台幡会表演的显著特点。

1949年以后，民间花会更成了人民庆祝节日，表示喜庆的娱乐形式。1948年底，门头沟解放时，圈门一带十三个村子的民间花会一齐走上街头，欢庆胜利。数百名小脚老太太整修好挂在墙上已多年不用的太平鼓，到街上尽欢尽舞，整个矿区到处是欢乐喜庆的场面。新中国成立35周年的天安门群众游行队伍中，门头沟区的太平鼓和顺义区的中幡表演格外引人注目。此后亚运会、农运会、全国少数民族传统体育运动会以及北京市运会的开幕式上，也都有民间花会的表演。现今不仅在节日和大型盛会，就连选举、计划生育、教师节等街头宣传活动中，也有助兴的花会表演，花会的娱人功能日益突显出来。

以石景山区的民间花会为例，这些活跃于民间的花会表演都颇有特色，例如扇鼓、文场等。

扇鼓就是太平鼓，又称单鼓，作为一种群众自娱自乐的民间舞蹈形式，在石景山地区十分普及，最盛行的有五里坨、模式口、麻峪、北辛安、刘娘府、老古城、衙门口等村。

刘娘府村玩扇鼓的多为男性，用的是大号扁圆形鼓。他们动作刚劲稳重、刚中带柔、不飘不浮、朴实敦厚。手略高过头顶、低不过膝，鼓多贴身缠转，动作幅度不大。表演时运鼓圆，震环颤，目光平视，与对方相互交流。腕、肩、臂、腰、腿五位一体，舞步走跳多屈膝、弯腰，姿势略低。鼓声洪亮而微带沉重，鼓步稍慢，坚实有力，似猛虎下山，如巨龙腾升。动作简洁明快，突出了稳、顿、扭、颤、圆五个字。刘娘府在舞扇鼓时，伴有唱词，称为“绳歌”，独具韵味，如《四喜歌》：

福自天来喜冲冲，
福禄善庆降玉瓶。
福如东海长流水，
恨福来迟身穿大红。
禄星笑道连中三元，
鹿叼灵芝口内含。
路过高山松林下，
六国封相作高官。
寿星秉寿万寿无疆，
寿桃寿酒摆在中央。
寿比南山高万丈，
彭祖爷寿抵八百永安康。

喜花掐来插满头，

喜酒斟上瓯几瓯，

喜鹊落在房檐上，

喜报三元独占鳌头。

模式口村的扇鼓又有不同，表演时动作潇洒自然，圆滑流利，柔和秀美。表演者不分男女老幼，舞起来均是步履轻盈，腰腿灵活，动作柔美自然。所唱的绳歌曲调优美，生活气息强，很具感染力，例如：

绳歌这就好听，

口人习就难开，

要听这绳儿歌，

来端过那茶来。

正月里呀锣鼓敲哎，

想起了贤妻好把心焦，

每年有了你同欢喜吻乐，

今年没有你，

怎么吃十五的元宵。

衙门口村有一位多才多艺的扇鼓老艺人，不仅绳歌唱得好，还会自己编词。新中国成立初期，他曾在村里组织了一支少年女子扇鼓队，参加过吉祥戏院举办的民间花会舞蹈比赛。他还创新出了一套把两种扇鼓点儿合起来的打法，称之为“对象鼓”。他所教练出来的扇鼓队，动作环环相扣，全套舞蹈动作连贯有序，自动变换鼓点儿，阵法鲜明生动。

## 三、花会的地区分布

民间花会是植根于乡土之中，源于人民群众生产、生活的表演艺术形式，也是城乡群众喜闻乐见的一种自娱自乐的形式。在庆丰收、过年节、闹社火时，人们尽情表演自己的艺术才能，表达欢乐之情。古老的北京，庙宇棋布，佛事活动四季频繁，与之相应的庙会也渐成模式，且流传了下来。原本以庆丰收、避鬼神、闹社火、颂太平为主题的舞蹈形式逐渐加入了顶礼膜拜、焚香娱神的内容，因为当时的庙会其主要内容就是烧香拜神，故而这些组织和团体得名为“香会”。新中国成立后，禁绝庙会活动，亦不准烧香拜佛和搞迷信活动。这些民间舞蹈和杂耍团体被视为民间艺术，而保留了下来。此时名称就成了问题，于是，人们按照谐音的方式，音同字不同，将“香会”改成了“乡会”，以表示这是乡间娱乐的一种文艺形式。后来城里人有意见，认为城区也有大量会档存在，但这里没有“乡”，也不是“乡”，这些会档叫“乡会”显然是不合适的，难道改叫“城会”？后经北京地区乡会组织集体协商，最后定名为“花会”，其意义是“表示不同花样形式的会档”。从此“花会”便名扬京城，成为了对这一文艺形式的通称。“花会”是北京的叫法，而外省市则有不同的名称，例如“社火”“杂耍”“玩意儿”之类，地区不同，名称也存有差异。

庙会是民间花会的展台，北京市16个区县，无一不有寺庙，也无一不有庙会，每到庙会之期，附近村庄的民间花会必去献艺，因而各区县均有民间花会活动。这其中有一个规律，即京西多于京东，北城多于南城。俗话说“天下名山僧占多”。北京风景最优美之处在西山，大小西山连绵百里，青峰翠岭，泉涌溪流，僧道两家寺庙多建于此，特别是北京民间崇信的泰山圣母碧霞元君娘娘的神庙，在西山地区最多，如八宝山娘娘庙、石景山娘娘庙、栏龙山娘娘庙、九龙山娘娘庙、香子台娘娘庙、百花山娘娘庙等，都具有一定的规模，其庙会也都有一定的名声。庙会期间，附近十里八村的民间花会，均前往进香献艺。说“北城花会比南城多”，也是因为北城的寺庙比南城多，故而酬神娱人的花会也就多。

在新中国成立以前，“三山五顶”是北京地区举办花会表演的主要场所，其中除了石景山区天台山慈善寺是佛教寺庙外，其余各处供奉的都是碧霞元君娘娘，其他有花会表演的庙会也大部分是娘娘庙，可以说，是娘娘庙促进了北京民间花会的发展，反映出民间崇信与民间艺术有着不解之缘。

北京城里没有娘娘庙，再加上城里人多房多，寺庙规模都比较小，不能为民间花会提供表演的场地，故而城里的庙会上，很少能见到“武会”的表演，而更多的是为庙会提供各种人力、财力和物质服务的“文会”。那么，城区民间花会存在和发展的依存空间又在哪里呢？在京西的妙峰山。俗话说：“妙峰山的娘娘——照远不照近。”奉宽在《妙峰山琐记》中说，他在妙峰山娘娘庙会上见到了128个花会。而据说，庙会最兴旺时，花会达到过300多个，可谓规模宏大，盛况空前，无愧于“北京最大庙会”之称。然而庙会之上，除了在修建妙峰山娘娘庙时曾出了力的下苇甸村中的一个开路老会前去朝顶进香外，再没有门头沟别的花会参加了。前去朝顶进香的，大多数是来自京城的民间花会，妙峰山为他们提供了一个充分展示自身才艺的宽广的大舞台，各会档都以能上妙峰山朝顶进香为荣。每逢庙会将举办时，会口就会预先给各会档下请档，为其在庙会上安排一席之地，而不被会口承认的“黑会”，在庙会上就难以找到立足之地了。

花会各会档按照约定日期的时间，统一在约定之地集合，组成一支浩大的朝顶进香队伍，出发后凡过村庄、茶棚、庙宇时，都要表演一番，这就叫作“走会”。花会行进和表演的顺序是有规定的，谁也不许越雷池一步。

在众多的花会中，名望最高的要数城里磁器口的大三姐老会，这个会档曾受过慈禧皇太后的封赏，因而会旗上绣有“磁器口清封万寿无疆皇会”的字样。朝阳门外东坝的大坝马房堡子北门金岭祖狮也极负盛名，是一档表演太狮的花会。太狮原是娘娘庙山门前左右一对石狮子的象征，这个会档有一青一黄两只太狮，表演造型雄伟而凶猛，粗犷有力而节奏明快，技巧娴熟，精神抖擞。每当各会聚集时，这对狮子一出动，其他各路的狮子都瞠目结舌，伏俯在地，自愧不如。这档太狮会也是受过皇封的。此外朝阳区弘寺的地秧歌，中顶的跨鼓会也很有名。清嘉庆二十一年（1816年），从北京去天津落户经商的蔡少文先生，在天津组织了百忍李秧歌老会，使京秧歌移植到了外地。这种源于北京、京味浓郁的秧歌到了天津后，与天津本土的民间技艺相融合，演变成为天津今日闻名的“百忍高跷”。

在北京四九城中，有许多久负盛名，每年都到妙峰山朝顶进香的花会，例如慧照寺太狮少狮、三转桥太狮、东猪市太狮、白纸坊太师、蒋养房九狮、白纸坊跨鼓、北新桥开路、黑窑厂开路、琉璃厂开路、鞭子巷开路、东安门开路、地安门打路、西华门五虎棍、羊管胡同五虎棍、弘善寺五虎棍、西河沿少林棍、教子胡同少林棍、芦草园少林棍、草厂杠子、缸瓦市杠子、国子监杠子、冰窖厂杠子、北新桥花砖、虎坊桥秧歌、朝阳门双石、排子胡同天平、护国寺万里云程踏车圣会等。

大部分庙会都有民间花会的参与。这些花会除了到妙峰山去朝顶进香外，更主要的是在本地的庙会上献艺。以石景山区为例，石景山地区共有四处庙会，即石景山庙会、天台山庙会、皇姑寺庙会和八宝山庙会。

石景山位于石景山区中部，山上建有碧霞元君庙，旧时每年四月十五前后为庙会的会期。庙会期间，商贾云集，方圆几十里的香客来此朝山拜神、求子求福。四月十四这天，古城的秧歌会从妙峰山进香回来，要到石景山来进香献艺，俗称“献档”，献档活动要一直闹到夜里的十一二点。

天台山上有慈善寺。“例于每年三月之望，为古佛成道之期，远近村民、绅商学界、善男信女，焚香顶礼者，络绎塞途，感灵祈福者，争先恐后……诚为一方香火极盛之寺也。”（《重修魔王殿碑记》）天台山庙会一般是每年的农历三月十三到十五，例会三天，石景山、门头沟的许多花会来此进香献艺，有石锁、高跷等十三档花会，最少时为五档，最多时为十五档。

皇姑寺位于西荣村，每年农历四月初一到十五举办庙会，初一至初八最热闹，每天香客上万人，初九之后，香客逐渐减少，四月十五关山门。庙会期间，许多民间花会前来进香献艺，有大班高跷、小班高跷、音乐会、少林会等会档。其中最著名的是大班高跷，皇姑寺山门前的台阶很高，大班高跷的高跷腿有一米多高，表演者上台阶，翻桌子如走平地，表演十分利落精彩。

八宝山上原来有一座天仙圣母娘娘庙，每年农历四月十五前后举办三天庙会。附近村子的少林、五虎棍、文场、中幡、开路等民间花会前去进香献艺。走会的队伍一路之上锣鼓喧天、彩旗招展，每到一村或热闹之地，都要练上一通儿，引人围观，十分热闹。

石景山区的花会中心是古城村，“会窝子”“秉心圣会”是古城村各种花会的总称，据说成立于明万历初年，于万历四年（1576年）开始走会，已有400多年的历史了，会档有秧歌、石锁、中军、大把儿、太平歌会、钱粮筐等，大致可归纳为十档，老百姓称为“花十档”。每档花会都有严密的组织、固定的角色和一定的表演程式。不同的会档表演不同的技艺，有时虽是同一种会，但却表现出不同的风格。

十档花会，大部分在北京地区各地都有流传，其表演方式也是大同小异，唯有钱粮筐一项，是石景山区特有的一档花会，别处很少见到。钱粮筐用荆条编织而成，高0.7米，直径0.72米，筐外有用黄布做成的筐围子。走会时需要四只这样的大筐，筐围子上分别画着剑、伞、琵琶、蛇，代表四大天王。两人抬一筐，共用八个人，象征着脚下踩着八个妖怪。新中国成立后在筐围子上改画牛、羊、马、鸡等家畜和家禽以及萝卜、黄瓜、白菜等，表现庆祝。筐沿上插四面三角拨旗，用皮条穿起几十个铃铛挂在拨旗上。八个抬筐人必须身强力壮，每个筐有一根五米长的大竹竿，由两个人抬着走，走起来铿锵有力，钱粮筐上下颤动，铃铛叮当作响，并要按照都管的指挥，不断地变换队形。

远郊区县的民间花会与城区和近郊区又有不同，以距离北京城最远的延庆县为例。延庆县地处明长城以外，由于历史和地理的原因，民间花会与京城的差异很大。当地称民间花会表演为“玩意儿”，历史悠久、品类繁多、普及面广。据《嘉庆隆庆志》记载，早在16世纪，当地农民就有“春祈”“秋报”（即春天祈雨，秋收后报恩）的活动，“多集乐人，杂剧以乐神，年丰则尤盛焉”，后来又增添了“迎春”“送春”的活动。《乾隆延庆州志》载：“立春前一日，泥塑勾芒，土牛，随文武各官出东郊，设宴作饮，农家戴笠衣蓑，执农器牵牛，及各色行户俱结彩楼，扮演故事。春官于阶下口唱韵话，数记得而罢，次日以纸画芒牛之形，令鼓乐春官遍选乡还，谓之送春。”后来人们组成了花会，当地称之为“社火”。“上元节张灯三夜……用优人衣冠、器具，扮演各色故事，名为‘社火’，失谒长官，呈杖领赏，后遍游街巷，且歌且舞，男女聚视，至十六夜灯火熄后乃罢。”通过以上记载可以看出，延庆县民间花会依存的不是寺庙，也不是为祭神进香而走会，甚至没有到号称是北京宗教中心的妙峰山去朝顶进香。他们所依存的表演舞台是祈雨、庆丰收和正月十五花灯等民间喜庆活动，这一点与北京绝大部分地区是截然不同的。

延庆县的民间花会活动十分兴盛，据统计，现在全县有花会260多个，乐队和演员达20000多人，占了全县总人口的1/13，主要种类有高跷、旱船、秧歌、竹马、狮子、龙灯等。

高跷会的数量最多，约占全县花会总数的一半以上。跷长约一米，分逗跷、踩跷和走跷三种，只扭不唱。逗跷突出个人的演逗技巧和情趣，动作幅度大，难度高，音乐节奏较快，以县城附近的谷家营、玉泉营、新白庙等村为代表。特别是玉泉营的男演员们，大部分都会表演扑蝴蝶、金鸡独立等高难度的动作。踩跷的节奏缓慢，动作舒展大方，洒脱柔美，突出整体的协调性，以永宁、古城一带为代表。走跷的表演注重于队形变化和在行进中的表演，动作幅度小，但迅捷干练，节奏轻快，主要流行于西部地区的前后黑龙庙一带，其表演受河北怀来县的影响较大。

延庆县高跷的角色和表演也与京城及周边地区不同。前面是老渔翁和头陀，后面是膏药和老坐子，中间则是扮演的故事中的人物，例如《白蛇传》《唐僧取经》等。近些年来则打破了演故事的传统，加入了相公、仕女、丑角等角色，还有穿洋装和时装的。高跷的伴奏以大鼓、大镲、大跷、小钵等打击乐器为主，再加上唢呐，主要曲牌有《老八板》《句句双》等。

延庆县的旱船也很有特色，它的总档数仅次于高跷，而影响力却远胜于高跷。旱船表演有一只、三只、多只三种。一只船由三个人表演，船体大而长，前边的演员扮演许仙，后边的演员扮演白娘子，另一个演员扮演船家，头戴斗笠，足踏草鞋，半挽裤腿儿，红面白须，手持船桨。桨的动作是指挥旱船进行表演的信号，桨一动船就动，或急或缓，或绕圆场，或走曲线。三只船也是由三名演员表演，不同的是每人驾一只船，分别扮成许仙、白娘子和小青，表演泛舟、荡舟、涌舟、转舟等技巧。三人的动作要一致，再加上集体配合中的穿插跑动，队列组合的变化，做到场上不乱。泛舟直行，荡舟走曲线，演员用小台步急速行进，船却要平稳；涌舟表现的是浪拍船头，顶风破浪前进的情形。船在急行中突然停住，同时船头翘起，快速低落后再疾行；转舟是驾着船在原地快速旋转，表现船行至旋涡时的情景。多只船是从三只船发展而来的，不表演故事，只表演套路，三只船为一组，要求动作整齐划一。

旱船表演的伴奏以打击乐器为主，有大鼓、大钵、锣等，外加唢呐、锣鼓点，与高跷的伴奏相同。唢呐的曲牌有《小番召》《娃娃乐》《柳青娘》等。

旱船会所使用的道具船是一种精美的工艺品，长1.3米，宽0.8米，高1.8米，由船顶、船身、立柱三部分组成。船顶类似古建筑，前面为半圆形，后呈三角形，飞檐翘角，彩绘成细瓦高脊。四角的拱头是木雕的四个龙头，口中各衔有一个彩绸绣球。檐下四周绷糊细白纱，上绘“游龙戏凤”“沧海日出”等民间传统图案和《白蛇传》中的人物故事，其下边挂有络缨彩穗。中间是四根红漆立柱，上支篷顶，下连船身。船身的内部有支架，外面用布幔围成船形，上绘有金鱼、荷花、波浪、腾龙等图案。船身正中留有0.4米见方的空洞，演员站在其中，用两根布带将船挎起。船身靠柱扎有四盏莲花灯，船篷内可插蜡烛，走会时全部点燃，烛光辉映得整个旱船玲珑剔透，显得格外精美。1985年，河北省歌舞团访问美国演出时，所用的就是延庆县的旱船。

延庆县的秧歌也自有特色，分为老秧歌和大秧歌两种。老秧歌近似于京城一带的小车会，伴以一群扭秧歌之人。表演以扭为主，加上队形的变换穿插。扭秧歌之人的化装与延庆的高跷相同，也是扮的“白蛇传”故事。小车会有一个旦角坐车，一个老汉推车，一个小丫鬟拉车，另一个小丫鬟跟车，一幺子在车左车右与车上的小姐眉目传情，另有丑婆、丑汉从中插科打诨。有的秧歌队中还加有二鞑子摔跤、老汉背妻，以增加情趣。这种老秧歌以大榆树村最为出名，据说已传了四代了，在他们的会旗上写有“大榆树老秧歌会咸丰十三年”。

大秧歌指新中国成立后传入延庆的东北秧歌和陕北秧歌，在延庆经过了几十年的发展，形成了自己的特色，一般的队伍有四五十人，有的达到150多人。这种秧歌道具简单，表演单纯，有的在队伍中还加上了跑驴、大头娃娃等。

竹马是延庆县所独有的花会表演项目，在北京的其他地区很少见到。演员所骑之马，用竹篾扎成马形，内可秉烛。演员二三十人，各骑一马，左手持缰，右手扬鞭，随着唢呐、钹、鼓的伴奏，做催马驰骋的表演，因而又称之为“跑竹马”。竹马表演的是《昭君出塞》和《杨家将》的故事，一旦角扮昭君，头戴雉鸡翎，身披红斗篷；一丑角扮送亲官，头戴乌纱，身穿红袍，另有一队宫女和一队护送的兵丁，还有两名匈奴的接亲官，他们穿着胡装，戴凉帽，骑骆驼。凡“骑马”的演员都用小台步跑，而“骑骆驼”的演员则是大步跨，以表现出骑骆驼摇摇晃晃的样子。《杨家将》故事则更有气势，一旦角扮穆桂英，头顶长雉翎，身披红斗篷，另有杨延昭、杨宗宝、孟良、焦赞，都用舞台上的装扮。一队男女亲兵穿甲戴盔，佩宝剑，插护背旗，显得威风凛凛；另一队是韩昌和金兵，全都画花脸，头上插一根短鸡翎，胡装，凶恶而丑陋。众多的竹马你来我往，走如云动，行似水流，队伍不断变换，宛如千军万马，场面十分壮观。

延庆县的狮子会历史相当悠久，小营村有一对狮子道具，经文物专家鉴定，确认是明代制作的，现已被国家文物管理部门收购保存。延庆的狮子没有高难度的动作，以表演细腻见长。在大鼓、大钹、小钹的伴奏下进行表演，开场时模拟狮子下山的气势，张牙舞爪，时而昂首欲啸，时而低伏欲纵。最精彩的是“双憩”，两只狮子互相梳理卷毛、搔痒、喘气、抖身、曲背、弯腿，表演得细致，气氛轻松。

延庆的龙灯也是京城一带所没有的，皇帝是“真龙天子”，因而地处天子脚下的京畿之地是不准舞龙的，而在长城以外的延庆却没有这个限制。延庆传统的龙灯在龙头和龙尾点灯，龙身用布彩画而成。舞龙的套路有蛰伏、腾跃、翻滚、金龙盘玉柱等。表演龙灯讲究演员娴熟默契的配合，在奔跑跳跃中完成各种套路和动作，而灯不倒，烛不灭。

北京市的每个区县都有花会活动，这项古老的民间艺术深深地植根于人民大众之中。由于地理位置和自身历史的差异，各个地区的花会有所不同，即使是同一个种类的会档，其表演方式也存在着一定的差异，带有自身的地域特色。北京地区花会的主流是京城花会，集中的展演地是以妙峰山为主的各种大小庙会，充分地表现出花会酬神娱人的功能。

## 四、皇会、圣会和老会

北京花会的种类多，会档多，上妙峰山朝顶进香的尤其多。商铺都有个名号，商品都有个品牌，人也都有个名姓，花会也讲究要有个“万儿”。北京的花会也是同理，组办起一档花会不容易，可要想立个“万儿”，那得上妙峰山去标名挂号，否则在北京是站不住脚的。早年间，北京四九城的花会，几乎都上过妙峰山。每一年上妙峰山的花会都多达300多家，可谓热闹非常。

虽说现在妙峰山庙会的规模已经大不如从前，但在北京地区，仍是规模最大、最传统的庙会，参加庙会的花会数量之多，是其他庙会所不能相比的。以1996年的庙会统计，文武香会（善会和花会）就有近60档，分别是：

（1）三义庙民众同乐

（2）德胜门文场

（3）青龙桥高山莲灯舞狮会

（4）海淀幼狮吉祥会

（5）西苑联合民办秧歌会

（6）潘家园小车圣会

（7）崇文原德积喜馒头会

（8）原崇文绪善升平清茶圣会

（9）原崇文万里云程踏车老会

（10）众友同心中幡圣会

（11）太平福寿跑跷会

（12）西城同乐长春小车会

（13）海淀乐善升平五虎少林

（14）圣水长春秧歌老会

（15）舍缘豆圣会

（16）海淀元君功秧歌会

（17）同心如意太狮圣会小车会

（18）丰台五虎少林会

（19）海淀善缘掸尘修道老会

（20）同聚公乐云车老会

（21）同心乐善五虎少林

（22）丰台普天同庆文场圣会

（23）五福同春五虎少林

（24）西城万年永庆鼓楼舞狮会

（25）西城目鱼舞狮会

（26）亲朋同乐茶会

（27）同心永乐

（28）同心合缘

（29）西城合心同善

（30）东安门开路老会

（31）地安门开路老会

（32）西北旺奉懿旨高跷皇会

（33）幼童吉祥五虎少林

（34）海淀华民永乐舞狮会

（35）海淀天伦花轿

（36）门头沟大鼓花鼓地秧歌

（37）原崇文同乐永生秧歌会

（38）门头沟金顶文场

（39）东方红秧歌会

（40）夕阳红秧歌会

（41）崇文人人同乐小车会

（42）宣武合街公义秧歌老会

（43）旱船会

（44）太平同乐地秧歌

（45）西城万福顺义太狮老会

（46）万福顺义文场圣会

（47）崇文老年同乐秧歌会

（48）圆明园花会秧歌会

（49）古城花会秧歌会

（50）劳动同乐小车圣会

（51）太平吉祥中幡

（52）西城太平永善五虎棍

（53）万寿无疆掌仪司太狮会

（54）馨香开路会

（55）同心合善蝴蝶少林

（56）文武乐善八卦少林

（57）公议合缘文场

（58）门头沟万诚老会

（59）永乐同泰五虎少林

以上文武香会中，大部分是民间花会，其中那些标有“皇会”“圣会”“老会”名号的花会，都是在新中国成立前就已经注名标号的老会档，传承至今，足以证明民间花会的生命力之强。同是花会，为什么有“皇会”“老会”“圣会”之分呢？

### 1. 皇会

所谓皇会，即由皇家（包括皇帝、皇后、皇太后等）给予过赏赐或亲容御览过的民间花（香）会会档，多为武会。花会受封基本都是在清朝，尤其是慈禧掌权的那些年间。

民间传说中最早的皇会出现在明朝。据说来自京西，明永乐年间修建北京城时，皇家从京西请来了两档民间花会，表演取乐，由于技艺高超，很受永乐皇帝的喜爱，而对其进行了封赏，一个封为“御赐神胆”，一个封为“龙凤呈祥”。从此之后，凡经过敕封的民间花会就称为“皇会”，在众多的民间花会中，享受特殊的待遇，如可以挂黄旗，进香的路上其他的花会和香客们都要让路。

皇会在北京民间社会有着崇高的威望。传说皇会最为兴盛之时在清朝康熙、乾隆年间。当时朝廷的各衙门都成立了自己的武档表演团体，并且形成了各自的特色。它们总称“内八档”，也叫“太和殿承差”。这些会的参与者全是衙门里的一般工作人员，甚至有社会上临时招募来的民间艺人。

清代，慈禧太后驻跸颐和园，常在万寿山东端景福阁持望远镜观看园外大道上的花会。还有时在园内颐乐殿、听鹂馆等处传各花会给她表演，演罢照例颁赏银两。人们称在御前表演为“伺皇会”。凡花会经过皇太后御览之后，照例可以在笼（读“拢”音）子上插上龙旗、黄幌，或增添“万寿无疆”字样。尤其是万寿节（慈禧生日）时能将“伺候景点”字样绣于旗上，在当时可谓是花会的无上荣耀。

据清宫内务府档案记载，伺应皇会之花会有70多团体，演员近3000人，演艺种类有开路、杠子、太平歌词、秧歌、舞狮、杠箱、双石、花坛等十余项。据光绪二十二年、二十四年等年份所记，给慈禧表演的团体有：京西香山买卖街村幼童打路、京西香山四王府万寿无疆秧歌、京西香山万寿无疆幼童杠子、京西大有庄村万年普庆太平棍、京都地安门外恩荣舞狮、京都西华门万寿歌词、京都西便以议助善秧歌、渔樵歌唱、长青万年花坛、太平开路、万寿双石、引善杠箱、击壤高歌、太平花鼓、永庆石锁、艺人盘杠等70多个团体。

演毕，例由掌仪司拟定各项玩意儿赏银单，进呈太后，由太后圈定后再行颁赏。现摘录一页以供参考：

赏升平歌唱头目王永程等41名40两，同乐舞狮头目刘国庆等42名40两，乐善开路头目永春等40名40两，万寿双石头头目文龄等40名40两，随意乐善秧歌头目德瑞等34名30两，艺人高脚头目寿龄等33名30两……

清代时，北京有一档子唱“什不闲”的天平花会，据说受了皇封而称为“皇会”，其封号为“御览黄旗黄幌万寿无疆太平”。从此，该会便打黄旗、黄幌子，好不神气，好不威风。黄色在封建社会里是皇家的专用颜色，皇会可用黄色，以示与其他花会会档之不同。金受申先生说：“万寿无疆天平，曾经孝钦后观看，以后即换黄旗黄幌，自称御览，不知会经御览的老供奉，是否要穿黄衣，勾黄脸。”

海淀区大有庄位于颐和园北宫门东北隅，该村的娘娘庙是妙峰山古香道上的一座茶棚，因为由附近的三个村子共管，故而名为“三村合议茶棚”，这里与颐和园相邻。花会行香走会时，每过一道茶棚都要停下来，进行“参驾”，即上香祭神，然后进行表演，方可继续前进。慈禧太后爱看花会表演，光绪十九年（1893年），在颐和园北墙内与大有庄娘娘庙相对之处，特盖一座眺远斋，专供太后观看花会表演之用，故而俗称“看会楼”。眺远斋坐南朝北，五间大殿，正中的明间设有宝座，当年慈禧太后就坐在这里，手拿单筒望远镜，观看去妙峰山进香的花会表演。后来因为距离比较远，看不太清楚，而把花会召进颐和园，在大戏楼进行表演，以此为乐。据奉宽《妙峰山琐记》载：“大有庄娘娘庙‘三村合议’茶棚，有道光八年（1828年）仲夏碑。庙直颐和园东北角，光绪中叶，每山期逢驻园，则朝山各社火献技于此，两宫隔垣亲览焉。”海淀区西北旺村的高跷会服装鲜亮，技艺超群，在表演时颇受慈禧太后喜欢，因而封为皇会，此后，该会所打的旗号就改成了“西北旺奉懿旨高跷皇会”。

此外皇会还有门头沟区下苇甸村的大鼓会，因为其受了皇封，龙泉务村特地从下苇甸村大鼓会请来了一位名叫张清的师傅，传授技艺，而办起了龙泉会村大鼓会，很快也成为一个著名的会档。

民国后，许多经过慈禧御览过的花会每逢朝顶进香，或该会文场应酬民间的“红白局”时，还在笼子上插着黄幌，标有“清封万寿无疆”字样，直到20世纪50年代才销声匿迹。

皇会只是民间对于上述受特殊待遇的会档的尊称，并非真正经过皇家的册封。金勋《妙峰山志》记录：“光绪二十二、二十三、二十四年，慈禧太后传看各种皇会十二项，表演团体七十余堂，会众近三千人。”凡是被传召演出的武会，就是曾经“奉御”者。奉宽在《妙峰山锁记》中说：“通例，又以曾经奉御者为‘皇会’，许用黄旗黄幌，且以‘万寿无疆’四字标榜其笼望焉。”表明了皇权对民间花会的介入。于是，众会平等的花会秩序被打破，一个新的等级秩序诞生了。

早年间，民众对皇权力量充满敬畏。而能够“奉御”，并可以“皇会”标榜，不仅是一种荣誉，更是一种实际利益。皇会在花会中拥有至高无上的权力，成为超越其他会档之上，享有特权的会档。更重要的是皇会取得了对民间社会资源的部分控制权力。以往，当花会之间发生矛盾冲突时，人们都会请德高望重、经验丰富、谙熟会规、善于说理的会首出面调停（说和），息事宁人。然而皇会出现以后，“却可以僭越这种神圣的权利，可以对香会间的冲突做出最终的裁决”。

凡是被皇帝或慈禧看过的花会都可以以皇会相称，可以在自己的会名前缀上“万寿无疆”的称呼，可以打画有龙的旗帜，笼幌也可以用黄颜色，而这些象征物是为帝王所垄断的。《实用北京指南》对此情况有过说明：“旗之作蓝色者，称为蓝旗蓝幌，黄色者为黄旗黄幌，但黄旗在走会声誉中最称名贵，前清时非曾经圣览或举贺黄旗者不得滥用。”

以东安门开路老会为例。当初该会没有经过贺会，只是“借值”前往妙峰山走会。但是进香归途至颐和园附近的青龙桥时，被宣进宫内为慈禧太后表演并得到赏赐，一跃而为皇会。北京香会界也打破传统，不再要求该会按照会规举行贺会仪式了。再如，按照会规，在行香走会途中，回香必须让保香；前后会档不能随便超越。可是一旦皇会出现，这些规定就不再被遵守，而是非皇会者要让皇会先行通过，以示尊敬。

那些年，原有的行香走会的价值标准被颠覆。为了有幸被召入颐和园中表演，各档武会即使绕道也要从颐和园北宫门前经过，希冀得到传召，跃身皇会行列，已经成为北京众多花会追逐的最高目标。近人徐珂编《清稗类钞》中对此现象做了生动的描述：

秧歌，南北皆有之，一名鹦哥戏，词甚鄙俚，备极淫亵。一唱百和，无丝竹金鼓之节。孝钦后（即慈禧太后那拉氏——笔者注）自光绪辛丑西巡返跸，衰老倦勤，唯求旦夕之安，宠监李莲英探孝钦意，思所以娱之，于观剧外，辄传一切杂剧进内搬演。慈意果大悦，尤喜秧歌，缠头之赏，辄费千金。遂至一时风靡，近畿游民，辄习秧歌，争奇斗异，冀以传播禁中，得备传召，出入大内，籍索招摇，而梯荣罔利者坐是比比矣。

如六郎庄的五虎棍会，该会于光绪年间曾多次去颐和园承差表演，并任宫内太监教习。西北旺村的高跷会曾于光绪二十四年（1898年）由傅家窑村当时在皇宫内当差的马太监介绍，奉慈禧懿旨去颐和园表演《万寿秧歌》一堂，慈禧和光绪看后甚喜，遂赐给了龙旗、黄幌多件，服装十二套，白银千两。后来这档会被称为“天下第一会”。蓝靛厂的少林棍会在光绪年间（约1888年）去颐和园承差表演，演员们身穿碎花图案服装，表演时但见场上刀光棍影，彩袍飘旋，如蝴蝶翩翩飞舞。慈禧大悦，乃赐该会为“蝴蝶少林会”，赐给黄色龙旗为会旗。海淀镇的钢铃五狮会在一次去妙峰山进香归途中经过颐和园北宫门外时，适为咸丰皇帝所见，当时狮子戴的铜铃铛不太响，咸丰问其缘故后赏赐皇家造办处制造的铁铃十八枚，并赐该会为“万寿无疆钢铃五狮会”。此外，六里屯的中幡也曾于光绪年间去颐和园为慈禧表演，获得黄旗和龙旗赏赐。北安河的花钹大鼓、南安河和屯店的棍会都曾得到过清廷三角旗和杏黄旗的赏赐。许多民间花会为了能去颐和园和宫廷表演而苦练技艺，这也促进了海淀地区民间花会的发展和提高。

皇会的出现，确实煽动起北京民间社会举城若狂的走会热情。从这一点说，国家力量利用了民间社会，而民间社会也利用了国家力量。皇会正是二者互动的产物。这种局面随着清王朝被推翻而逐渐变成了历史。但是社会心理的变革却是滞后的。因此，在民国初期宽松的社会环境下，有些武会依然配备了黄旗黄幌，以皇会相标榜，以致引来一片真假皇会之争。历史发展到今天，皇会作为封建专制制度下的产物早已失去了昔日的光环，只是起到回忆往昔的凭借作用。

### 2. 老会

凡称为“老会”的必须是有百年以上历史的花会，这也是一种自我炫耀的“资格”。北京的老会不少，四九城很多，如西城万福顺义太狮老会、东安门开路老会、地安门开路老会、宣武合街公义秧歌老会、圣水长春秧歌老会、同聚公乐云车老会等。他们每年都到妙峰山去朝顶进香，在1949年前就已获得了“老会”的称号，距今算来，均有150年以上的历史了。妙峰山重开庙会后，他们仍每年前去朝顶进香，传承至今实属不易。

◎ 五虎棍老会 ◎

自行车于清末传入我国，自行车作为花会的一个种类，在众多花会中可能是出现最晚的了，主要进行车技表演。最初成为正式会档的是万里云程踏车圣会，因经过贺会等立万儿的手续，成为了一档妙峰山进香的正式花会。1996年，该会去妙峰山朝顶进香时，打的旗号是“崇文万里云程踏车老会”。从其立万儿之日算起至今，该会的历史确已超过了100年，故而由原来的“圣会”改为了“老会”，身份地位有所提高。

老会中最神气的要属门头沟区下苇甸村的五虎棍、地秧歌和中幡会了，所打的旗号是“开山老会”和“万年盛会”。据说当初在妙峰山上修建娘娘庙的时候，下苇甸村出了钱，出了力，用他们的话说就是“妙峰山的庙有下苇甸村三块砖、两块瓦”，所以他们的花会就有气势。上妙峰山朝顶进香时，遇到了碍事的树就可以砍，因为庙里存了该村的条子。

### 3. 圣会

凡是不足百年历史的花会都称为“圣会”，“圣”指神灵，表示该会成立的宗旨就是敬神，表现出了对妙峰山老娘娘的虔诚之心。例如潘家园小车圣会、劳动同乐小车圣会等，都是新中国成立前成立的，并经过贺会而立万儿，去妙峰山朝顶进香的正式会档。此类花会虽也已传承至今，但其历史仍不足百年，故而仍称为“圣会”。如果超过了百年，就可以像万里云程踏车会那样，升级成为老会了。

◎ 众友同心中幡圣会表演前预热 ◎

至于新中国成立后新成立的一些花会会档，虽然在妙峰山重办庙会之后，也前去朝顶进香，但却不称“圣会”了，因为现今不时兴了，只称为“会”，如崇文老年同乐秧歌会、圆明园花会秧歌会、古城花会秧歌会、东方红秧歌会、夕阳红秧歌会、丰台五虎少林会、西苑民办秧歌会等，均是新成立的花会。过去到妙峰山去朝顶进香，要经过贺会、立万儿一套程序，才能得到社会的承认。如今这些老规矩都没有了，所以这些普通花会也可以堂而皇之地成为了朝顶进香的正式会档。他们到妙

◎ 开路圣会 ◎

◎ 吵子圣会 ◎

峰山庙会去，主要是进行表演，同时也是一种娱乐活动，敬神的意义已经微乎其微了。

皇会、老会和圣会如今传承下来的已经不多了，但各种民间花会却不会衰亡，它们会作为一种民间艺术，长久地流传下去。

## 第二节

# 武会

### 一、什么叫武会

武会是与文会相对而言的，主要为技艺表演，作用是酬神娱人。因为在进香的途中进行表演，故而又称为“走会”“过会”“行会”。金受申先生说：“谈香会虽不能摒弃文会，但为看热闹，以及玩会耗财买脸的，还是武会。”朱宪一先生说：“看会是当时多数市民和农民唯一的娱乐方式，人们为看会而逛庙。”确实如此，武会是庙会活动的一大支柱，是最吸引人的活动项目，是民间文化和各种技艺的大展演，包括人民群众劳动、生活、武术、音乐、歌唱、舞蹈、民俗、宗教、祭祀、曲艺、杂技、戏曲等各方面的内容。金受申先生说：“武会内容繁复，足够写五万字的。”随着近代对这个领域研究的加深，又岂是区区五万字可以说清楚的呢?

在各种庙会上，人们都希望搞得热热闹闹，在表达自己的虔诚之际，也尽情地享乐一番，放松身心，调解一下劳作的紧张。可见，京城百姓信奉神明，更主要是为了实际的生存欲望，企盼得到廉价的现实利益。正因为这样，所以京城的庙会活动才多为热闹喧天、人神共娱，而不像其他地区的宗教信仰一样，表现出罪恶感和赎罪欲望。

老北京庙会上的娱乐活动，融合了满族、藏族、回族、汉族等民族的古老艺术。像驰名遐迩的门头沟太平鼓，就是由满族历史上的萨满教击鼓的单环鼓演变而来。海淀区西北旺的高跷会至今保留着90多年前清代时兴的唱曲。北京地区的民间花会种类繁多，有民间歌舞类，像地秧歌、花钹大鼓、吵子、旱船、小车、跑驴、竹马、舞龙、狮子等；有民间乐器类，像大鼓、文场、同乐会等；有武术杂技类，像五虎少林棍、开路、中幡等。如今，又挖掘出不少新的花会品种，具有浓郁的地方色彩，显示了北京地区特有的历史文化和人文气息。

## 二、武会的分布

在北京郊区，几乎各处庙会都有武会参加，较著名的有丰台区看丹庙会、平谷区丫髻山庙会、门头沟区九龙山庙会、广渠门外十里河庙会、永定门外南顶庙会、右安门外中顶普济宫庙会、石景山区天台山庙会等。金受申所著《北京通》载：“近郊有广渠门外十里河关帝庙，每年五月十三日唱戏一天……戏前有香会，十八里店的秧歌也来参加，前十几年还有自行车会来此表演。”《北平旅行指南》载：“天台寺又名慈善寺……每逢旧历三月十四、十五、十六三日，系为古佛得道之期。附近村民来寺演戏酬神，并有文武香会三十余堂，由远道朝山进香。”1929年5月29日的《北平日报》载：“南顶每岁自旧历五月朔至望开放庙会十五日……开庙时，跑车跑马者终日不绝，各项武会进香亦是沿途演练。”1916年6月30日《群强报》载：“旧历六月初一日，右安门外中顶普济宫开庙，城乡各处中幡、开路、太狮、秧歌、少林、石锁、花坛、跨鼓等会均往进香。”

据1929年统计，在安定门外地坛重整花会之际，全北京共有花会108个，而丰台的草桥十八村，就同时建有30多个。市内花会最多的地区属白纸坊，同时拥有武会、文会和没有贺牌的会各3个。白纸坊地区还是花会历史最悠久的地区之一。成立于明朝嘉靖十三年（1534年）的跨鼓会，就是在燕王扫北，进北京时成立的。当时的助威战鼓声势浩大，响声阵阵，被称为“神胆”。

门头沟区有座九龙山，山上有九天玄女娘娘庙。九龙山是门头沟煤炭的主产区，每年农历五月初一，由窑主们出资，举办庙会。是日，出南侧各村的花会全部出动，上山进香，有叉会（东辛店）、中幡会、大鼓会、驾会（炉灰坡）、大旗会（东店村）、狮子会（门头口村）、杠箱会（宽街）、七星会（中店村）、支单会（西店村）、牌楼会（梁桥）、小车会（横岭根和天桥浮村）、秧歌会（孟家胡同和官园）、道经会（啦啦湖、韩家沟、香儿窑），号称十三会。各种花会排队而行，从四月二十九开始走会，沿途经过东辛房、西辛房、门头口、炉灰坡、宽街、东店、中店、西店、梁桥、横岭根、天桥浮、孟家胡同、官园、啦啦湖、韩家沟、香儿窑，共计16个自然村，行程20多里，过街起舞，遇庙烧香，到九龙山顶住一宿，第二天上午在娘娘庙前集中表演。后来又有东龙门和西龙门村的高跷会，大峪村的高跷会和五虎少林会，城子村高跷会，三家店村的高跷会，琉璃渠村的音乐道经会和五虎少林会，龙泉务村的钹子会、地秧歌和石锁会，以及其他会档的参加，总数可达30多个会口，队伍排出几里地长，可谓热闹。

花会会档最多的无疑当首推妙峰山庙会，据金受申先生记述：

香会以狮子守驾后行，中幡前引。

1. 礼部大执事（大执事俗名中幡）

2. 兵部杠箱

3. 掌仪司太狮

4. 慧照寺太狮（现由海月川为都官，仍旧走会，鲜明整齐，纯熟以此为硕果了）

5. 方砖厂太狮少狮（亦一部存在）

6. 三转桥太狮

7. 东猪市太狮

8. 白纸坊太狮

9. 蒋养房九狮

10. 海甸钢铃五狮（九狮、五狮已不多见，只称太狮的应没有小狮子，近年已不太严格了）

11. 白纸坊大鼓（即俗称跨鼓）

12. 北新桥开路

13. 黑窑厂开路

14. 琉璃厂开路

15. 鞭子巷开路

16. 东安门开路

17. 地安门开路（即打路）

18. 翰林院五虎棍

19. 内西华门五虎棍

20. 羊管胡同五虎棍

21. 弘善寺五虎棍

22. 雪池少林棍

23. 西河沿少林棍

24. 教子胡同少林棍

25. 大河庄少林棍

26. 芦草园少林棍

27. 黑塔寺杠子

28. 草厂杠子

29. 缸瓦市杠子

30. 国子监杠子

31. 冰窖厂杠子

32. 涿州小执事（即俗名称花坛）

33. 老太府小执事

34. 鞑子馆小执事

35. 四块玉小执事

36. 北新桥花砖

37. 虎坊桥秧歌

38. 九道湾秧歌

39. 五斗斋秧歌

40. 龙王庙秧歌

41. 十八里店秧歌

42. 金家村秧歌

43. 朝阳门双石

44. 亿寿歌词太平（即什不闲，艺人术语称为拆唱莲花落，乃一人唱太平歌词为莲花落，二人以上打家伙逗唱为什不闲，天平即什不闲）

45. 子弟同乐天平

46. 明月青松天平

47. 排子胡同天平

48. 太平歌词天平

49. 乐善歌词天平

50. 御览黄旗黄幌万寿无疆天平（万寿无疆天平曾经孝钦后观看，以后即换黄旗黄幌，自称御览。不知曾经御览的老供奉是否要穿黄衣、勾黄脸）

51. 万里云程自行车会

52. 遵古夺今自行车会

53. 五显庙中军

54. 朝阳门中军

55. 通州小车会

56. 德胜桥文场

这是清末时北京城到妙峰山进香的一路花会，称为“全堂武会”，有56档之多。然而，这也仅是其中的一部分而已。在清末民初时期，每年到妙峰山朝顶进香的花会多达300家以上。从山下到山顶，二三十里地，一路上每过一道茶棚，就要停下来表演一场。到了山顶上，在大庙前还要进行敬神献艺表演，足以显示出对老娘娘的一片虔诚之心。走山路平常人还累得腰酸背痛、浑身出汗，何况是穿着行头、带着各种道具、边走边进行歌舞呢，劳累和辛苦之程度可想而知。如果没有一种强大的精神力量支撑着，是任何人也难以坚持下来的。

## 三、为武会伴奏的文场

武会在表演过程中，除中幡等少量会档以外，大多都离不开乐器的伴奏，以壮声势。有些会档，比如吵子会，本身就属于文会。因此，介绍武会之际，还需对文场做些简单的说明。

文场又称“音乐班子”，既为花会表演伴奏，也可以单独立会、单独表演。有的还可以参加婚丧嫁娶活动，称之为“吹鼓手”。

在石景山区，麻峪村的音乐班子最有名，当地流传着一首歌谣：

“麻峪村的吹鼓手叫不短（即不会被难倒），山下村的瓦匠叫不短，小屯的茶房叫不短，蓝靛厂的和尚叫不短。”可见该村音乐班子演奏水平之高。据说在这个村里，随便拉上一个人，都能够跟着班子进行演奏。

早年间，音乐班子一年到头出场的机会很多，四月有天台山、石景山、妙峰山朝顶进香，五月初一“送娘娘”，七月十五“求雨”、烧“法盘”。此外，模式口村天仙圣安宫，五里坨村青龙山娘娘庙等庙会，都少不了音乐班子的表演。音乐班子的乐器有大管、小管、唢呐、大小哨、咔、咔碗、口哨、口笛、笙、鼓、铙、钹、镲锅、南梆子、云锣等，演奏时可达一二十人。通常演奏的曲目有《关东腔》《小开门》《普安咒》《将军令》《花得胜》《金子经》《三扑五扑》《小三宝》《打枣》《一枝花》等。

石槽村、何家坟、下庄村的文场原是为五虎少林棍伴奏的，后来逐渐发展为专门演奏打击乐的独立会档，称为“文场”。文场的构成包括：单皮一个、堂鼓一个、钹四对、铙四对、镲锅一对。一般套路有“四起头”“直四起头”“加七棒四起头”“三坛”“慢调香”“快调香”“跟锣”“跳槽”“三眼井”“海底鱼”等。乐器相互衬托和陪衬，使情绪更加激昂，乐曲色彩变化更加丰富。

老古城村的文场成立于清代光绪年间。在古城秉心圣会“花十档”中，第四档功艺石锁有文场伴奏，第七档中军和第八档四执，实际上都是吹打乐合奏，也都是文场表演。石锁的文场伴奏有：掌鼓一对、钹八对、镲锅二对、小旋子一对，能演奏八套锣鼓点。其作用主要是在石锁演练之前渲染气氛，激发表演者的高昂情绪，吸引场外观众的注意力。中军和四执的器乐合奏，极具石景山民族乐器演奏的特色。乐器有：唢呐一对、镲锅一对、手鼓一个、筛锣四面。演奏中，四面筛锣的乐手左肩跨鼓，右手用木棍击奏，发音低沉而庄严，分外引人注目。

# 第三节

# 文会

## 一、什么叫文会

与幡鼓齐动的十三档武会不同，文会是为表演和进香活动服务的组织。文会又分为行香与坐香两种，前者以流动形式为主，后者以固定形式为主。如敬水献花老会，是到寺庙去贡献茶水和鲜花，属流动形式；而粥茶老会则是搭棚设灶，煮粥沏茶，就地为过往的香客服务，所以属固定的形式。

当然，文会所负责的工作远非上述两项内容，几乎庙会期间的方方面面，都会留下他们的身影。

香会是由香客所组成，旨在为庙会服务和添彩的团体，是庙会的支柱。金受申先生说："北方专以'行香走会'，为'各了心愿'的信仰方法。每年各山古刹，开山庆祝，各地信士弟子朝顶进香时，必有香会点缀其间。"其中文会主要为庙会提供各种服务，武会主要进行技艺表演，以酬神娱人。文会是庙会的基础，庙会的支撑，而武会则是添热闹，"玩会耗财买脸的"。作为一个庙会，可以没有武会，但绝少不了文会；反之，没有文会，武会也是办不起来的。

## 二、文会的特色

文会以行善积德为宗旨，为庙会香客提供各种义务性的服务，因而又称为"善会"；又因其设立有固定的摊点，大多还搭有茶棚，故而又称为"座会"。例如妙峰山的文会就是"为沿路茶棚、饭棚、缝绽棚，以至舍各棚叩拜芦苇，舍山场四十里路灯，舍钱雇人修路"。早在元代，东岳庙开庙的就有掸尘活动。所谓掸尘，就是为庙里打扫卫生，这大概是最早的文会了。后来许多寺庙的香会中都有掸尘老会这一会档。

凡举办庙会的寺庙，几乎无一没有文会的。朝阳门外的东岳庙庙会上，没有一档武会，全部由文会支撑。京西潭柘寺原有大悲圣会、楞严圣会、秉心如意圣会、吕祖圣会、供佛设斋清茶老会、子孙圣会等，俱是文会，主要是香客们集体捐资，为庙里买地、捐钱、修缮殿宇。戒台寺有茶豆结缘斋僧圣会、广善米会、三元大悲圣会、新春如意老会、右安门秉心诚意老会、永定门大悲圣会、永定门观音老会、大悲随心圣会、财神老会、五显财神圣会等，这些文会不仅为庙里买地捐资，修路修殿，而且还按照节令斋僧。

## 三、妙峰山：文会的聚集地

拥有文会最多的、最典型的庙会当首推妙峰山。妙峰山的文会一般都设在各条香道沿途，为香客提供各种服务，并且都是义务性的。古香道上，每隔数里就有一座茶棚，为香客免费提供馒头、粥、茶水等，大的茶棚还备有客房，可以提供住宿。清代震钧在《天咫偶闻》中说，妙峰山“岁以四月朔开山至二十八日封山……好事者联朋结党，沿路开棚结彩，盛供张之具谓之茶棚，以待行人少息”。

旧时，去妙峰山朝山进香的古香道共有六条，即北道、中北道、中道、中南道、南道和岭西道。北道从海淀区聂各庄始；中北道从海淀区北安河始；中道从海淀区大觉寺始；中南道从门头沟区灰峪村始；南道从门头沟区三家店始；岭西道从门头沟区下苇甸始。此外，这些古香道还各有沿线和支线。每条香道上，每隔几里便有一座茶棚，相距最远的也不超过八里。以此算来，茶棚数量应在百座以上。

这种茶棚都是固定的，大多都是香道沿途的小型神庙，香客至此先要祭神参驾，然后才能接受义务性的服务，例如喝茶、吃馒头、吃粥，甚至住宿。这些茶棚每逢庙会期间必开，每一座茶棚即是一档善会，所耗资财由某位大善士或某行会、某村负担。一般香客都会多少给茶棚捐助一点儿钱，但这不是饭钱、茶钱和店钱，而是给神佛上香的香钱，以示对娘娘的虔诚。给不给钱完全凭自愿，对一些贫穷的香客，尽管在茶棚休息、吃喝，都管（茶棚的负责人）也绝不会给你脸色看的。

以所存遗迹最多的中道为例，茶棚就有20多座。从北京城里香客们的集合地德胜门开始：公益助善头道茶棚（德胜门外松林闸）、娘娘庙茶棚（德胜门外）、心缘乐善茶棚（西直门外高梁桥北护国天仙庙）、万寿茶亭（西南门与德胜门交会处）、益寿同缘茶棚（海淀镇西北）、大树居茶棚（海淀挂甲屯）、三村会议茶棚（北宫门大有庄娘娘庙）、同心合意高山莲灯茶棚（青龙桥娘娘庙）、红山口茶棚（安河桥以北）、董四墓村茶棚、冷泉村茶棚、白家疃村公立茶棚、子孙万代茶棚（温泉天仙圣母庙）、太子务茶棚（太子坞西关帝庙）、茶棚庵（西北旺村南）。以上是15座茶棚，以大觉寺上妙峰山，沿途还有11座茶棚，依次是：关帝庙、栗子台、寨儿峪、上平台、萝卜地、修道路灯会、松棚、三岔涧、回香亭、菩萨殿和喜神殿。

第二种善会是在香道沿途，用木料和苇席在庙会期间临时搭建起来的茶棚，有清茶老会（提供茶水）、献盐老会（为庙会提供所用官盐，为香客提供咸菜）、缝绽老会（为香客义务修鞋）等。这些摊棚临时搭建，庙会结束后即拆除。

第三种是不搭摊棚的善会，是在庙会前和庙会期间，为庙会提供服务的。如以下善会：

修道会、净道会、开山会等，在庙会前负责对进山道路的整修或清扫。

汽灯会、洋灯会、路灯会等，在香道沿途安装照明设施，为行夜路的香客提供方便，有的还义务提供灯笼火烛。

拜席老会为茶棚搭供搭棚用和香客坐卧用的芦苇。

茶叶老会为茶棚提供所用茶叶。

盘香老会为各茶棚提供祭神行香所用的盘香。

巧炉老会为各茶棚义务修理香炉蜡钎以及盆碗等炊具。

从南道上妙峰山的香客要过三次永定河，道桥老会负责在河上搭桥；栏杆老会负责安装桥上的栏杆；绳络老会提供拴渡船的绳索。

诚献围桌会、拜垫圣会、掸尘圣会、裱糊神堂佛殿窗户香会、献袍会、献供斗香膏药圣会、白纸圣会、檀香老会、献花圣会、鲜花老会、果供圣会等，为娘娘庙和固定茶棚提供各种物品，以及为其糊窗户、打扫卫生等。此外还有惜字老会，专门在香道沿途捡拾废弃的字纸后，进行焚化。过去认为字是圣人造，不可玷污，所以称为“惜字”。惜字老会实际上起到了保护环境卫生的作用。

固定的茶棚都供有神驾，朝顶进香之人如果要在这里喝水或吃饭，要先进茶棚内叩头上香，俗称“参驾”，然后才能得到服务。茶棚的执事人员见有香客来就喊：“先参驾来！后喝茶啊唔味！”以此唤醒不懂规矩之人。南道琉璃渠村万缘同善茶棚大门口原来有一副对联，“不接不送”“不参不拜”，说明无论什么样的香客，到这里来都可以落座，休息喝茶，来去自便。

凡有武会经过茶棚时，必须参驾，并进行一段表演后方准过去，有场面的（即有音乐伴奏）要“打三参”，方能过棚前进。管理茶棚的人称为“都管”，工作人员称为“执事”，懂得各种规矩，师徒相传。

对于那些临时搭设棚摊的善会，虽然一般没有神像，香客到此不用参驾，但求得服务时也有规矩，先道“虔诚”。例如香客路过茶北摊棚，要双手合十，对主人微躬上身说：“您虔诚。”主人会回答同样的话“您虔诚”，然后倒上茶，请香客进棚落座喝茶。喝完茶后，香客再向主人道一声“您虔诚”，以表示感谢，就可以走了，根本不用付钱。若少了这一句“您虔诚”，你给多少钱，人家也不让你喝一口茶。此外在缝鞋、舍粥、舍盐豆、舍馒头等棚摊的善会，也都有这种规矩。如果香客路过茶棚时，不渴、不饿、不累，即可以不参驾，迈门而过；但绝大多数的香客为了表示对老娘娘的虔诚，即使不歇脚、不喝茶，也要进行参驾。

茶棚的承办人对路过的各种香会都要迎送，对于特殊香客，如披枷戴锁的，背鞍带缰的，三步一头、两步一叩的，承办人要端上茶水，拿上拜垫前去迎接，然后送过茶棚。文会被称为“善会”，真是名副其实。

20世纪30年代，妙峰山文会茶棚众多：山上庙中有灵感宫、地藏殿、关帝殿、燃灯会、喜神殿、菩萨殿、财神殿、灵官殿、回香亭、下茶棚各处。山道沿路有松棚茶棚、缝绽会茶棚、修道路灯、苇子蒋茶棚、磕头岭茶棚、大风口茶棚、鲜花洞茶棚、牟尼石河茶棚、双龙岭茶棚、车尔营茶棚、老爷庙茶棚、玉仙台茶棚、庙尔洼茶棚、金仙庵茶棚、清福观茶棚、朝阳院茶棚、向墙茶棚、萝卜地茶棚、上平台茶棚、德善同仁茶棚、塞尔峪茶棚、仰山寺茶棚、孟尝岭茶棚、药王殿茶棚、南庄茶棚、水泉茶棚、樱桃沟茶棚、十八盘茶棚、桃园缝绽茶棚、西北洞茶棚、三家店茶棚、陈各庄茶棚、八里庄茶棚等各处。山下至京城沿路的茶棚也很多，如茶烛圣会、拜席老会、茶叶圣会、巧炉圣会、盘香圣会、茶灼圣会、献花圣会、献盐圣会、檀香圣会、清音老会、太阳老会等。茶棚各舍物品，各有席棚，不可胜数。沿路有人修理，昼夜行人，络绎不绝。

# 第三章

# 花会的历史沿革

第一节

## 花会的起源

### 一、关于花会起源的传说

传说，清代的顺治皇帝福临（康熙之父）前世是一位苦修多年的老和尚。有一天，他在打坐之际突然自言自语道："又要罚我到世上遭劫一回了。"说完，就圆寂了。等到他转世来到人间时，已成为爱新觉罗家族中的一位成员。在博尔济吉特氏导演的宫廷生死搏斗当中，福临居然登上了原本不属于他的皇帝宝座。然而，他的一生都没能挣脱博氏的操纵，曾被迫接受两位由博氏指定的女子为皇后，而自己所宠爱的董鄂氏又突然去世。种种耻辱和失去爱妃的痛苦，使他无法再忍受人世间的折磨，再次遁入空门，上五台山当了和尚。

他的儿子玄烨当了皇帝以后，很是思念父亲，欲去五台山探望。然而，贵为天子的皇上，去佛门圣地探望出家的父亲，这在严酷的封建专制的束缚中，成为一件困难重重的事情。终于，康熙皇帝想出了一个变通的办法——命令随自己上山的五府六部的文武大臣及众多的太监、侍卫们乔装打扮，装成唱戏的、杂耍的、使枪弄棍的、吹吹打打的各色人等，热热闹闹、气气派派、排列成队地上山寻父，名义都是来拜佛。这既名正言顺，同时也不失皇帝的威风。

这就是民间花会最初的源头，以及进香拜佛的原因。

然而，这生动的情节毕竟属于传说，代表着广大民众良好的愿望，却不一定代表着历史的真实。那么，历史的真实又是怎样的呢？

这还得从中华民族的原始祭祀土地神的活动说起。千百年来，人们出于对给予他们粮食、衣服和各种生活用品的土地的敬重，每年都要举行祭祀活动。这类活动一般都安排在大地复苏的春季和草木凋落的秋季。而祭祀活动的同时，人们也通过各种庆祝活动表达自己丰收的喜悦心情，达到娱神和自娱的目的。渐渐地，祭神的痕迹越来越淡化，而舞蹈、杂剧、杂技、乐曲、吟咏等内容逐渐被突显，发展为一种广泛存在于民间的娱乐活动。

不仅如此，还由于寺庙大多地广境幽，柏翠松青，成为踏青游玩的好地方。所以，逛庙会成为民众，尤其是广大妇女游玩的好形式。当年的万寿寺庙会上，长河垂柳依依，周围娱乐、庙会等内容丰富，吸引了众多逛庙人。

北京地区的花会，经历了由宫廷到民间的发展过程。因为当初的花会，是“随龙进京”的，最初是由皇家自己表演自己欣赏的。只是后来才散入民间，就像北海的仿膳饭庄一样。

## 二、花会与歌舞

花会的表演形式是音乐、说唱和舞蹈（或杂耍）的综合体，因而其是以音乐、舞蹈的起源为基础的。花会的起源有两个，第一个来源于庆丰收时的歌舞。远古时期，人们以狩猎、采集植物果实为生，后逐渐出现了种植和养殖业，每当狩猎得到了较多的猎物或农作物收获时，人们都聚集起来，演示劳动过程中的一些动作，以表示喜悦的心情，这就是最早的歌舞。在甲骨文中已经有了“舞”字，像人身上挂着饰物婆娑起舞之状。这种活动不断地发展和演变，从而成为了花会的一个来源，几千年来，源源不息，时至今日。北京地区无论城里还是郊区，均保留着春节、正月十五、八月十五扭秧歌的习俗，郊区的许多地方还要进行走会，即各种花会会档到大街上、广场上去表演，以表达欢乐、喜庆之情。秧歌是花会中的重要会档，是由农民种植水稻时，在田埂上运送秧苗和插秧时的劳动动作发展而来的。在庆丰收时，农民们把这些劳动动作加以夸张和美化，演示出来，而逐渐形成了一种舞蹈。后来逐渐规范化，有了固定的动作、队形和套路，并配以音乐伴奏，有的还加上了唱词，能够表演一个较为完整的故事，而形成了一种表演模式，成为了花会中的会档。此外，还有许多花会表演，也都是源自于人们的生产劳动，例如跑旱船，舞蹈中有划船、拉纤，船在波浪中上下颠簸等许多优美而又形象的动作，据说这种舞蹈就是从北京通州张家湾一带，人们划船运粮的劳动过程中的动作演化出来的。

除生产之外，还有许多花会的舞蹈是来源于人们的日常生活，例如小车会，就是民间娶媳妇接新娘子时路上情景的艺术再现。丑公子娶了个漂亮的小媳妇，走在前面眉飞色舞，扬扬得意，穿着袍子敞着怀，手里舞弄着一把扇子，挺着胸，撇着嘴，完全是一副纨绔子弟的形象；媒婆走在车边，不时地逗车上的小媳妇发笑；车上的小媳妇不时地用手帕挡住脸，显现出大姑娘的羞涩之态。“跑驴”则演的是小媳妇骑驴回娘家的路上情景。

## 三、花会与祭祀

花会的另一个来源是远古时期的原始宗教祭祀，其时间与前一种来源相比，说不清谁先谁后，也许二者是同生并行的。原始宗教源于自然崇拜，由于当时科学技术落后，生产力低下，人们赖以生存的方式是向自然界索取，因而对大自然存有一种感恩情怀。另一方面，人们对日月山川、风霜雪雨、干旱与洪水、地震、火山爆发等各种自然现象与自然灾害无法理解，从而认为万物是有灵的，神灵是自然界的主宰。出于对神灵的敬畏，而对神灵进行祭祀，主持祭祀仪式的巫师或女巫是代表人们与神灵进行沟通之人，而进行沟通的方式就是咒语、歌唱与舞蹈，这是人类音乐舞蹈的重要来源之一。现今在部分地区的满族、朝鲜族、蒙古族、锡伯族、赫哲族、达斡尔族等民族仍信仰的萨满教，就是这种原始宗教的遗存。

民间花会历史悠久，源远流长。在原始社会里，我们的祖先在和大自然进行斗争的过程中，创造了一些简单的舞蹈动作，商、周时代有了进一步的发展，这在出土陶器的花纹图案上和《诗经》等古代文献上均有表现和记述。汉赋和唐诗中对汉代的“龙舞”“鱼舞”以及唐代的“狮子舞”，都做了生动形象的描述。以流行比较广的高跷为例，据《列子·说符》记载，春秋时期，宋国艺人兰子，为宋元公（公元前531—前517年在位）表演，“其技以双枝，长倍其身，属其胫，并趋并驰，弄七剑迭而跃之，五剑常在空中”。元公大为惊异，立赐金帛。其双枝就是高跷腿子，比人身还高一倍，不但能做“并趋并驰”的一般表演，还能踩着“长倍其身”的高跷腿子，同时舞弄七支宝剑，这说明当时踩高跷的技术已经达到很高的水平。以此推算踩高跷的历史当在2500年以上。民间花会不仅历史悠久，而且内容广泛，多彩多姿。它源于劳动人民的生产、生活，所以主要也是反映广大劳动人民的思想感情。其中既有直接反映生产的，也有反映爱情和风俗民情的，还有反映与劳动人民息息相关的自然景物的。民间花会在表演时大都有音乐伴奏，载歌载舞，歌舞并茂。其内容之丰富、种类之繁多足以惊人。据不完全统计，全国有民间花会700多个品种，1600多档会，现在恢复活动的约占半数。

## 四、北京地区花会的起源

北京地区民间花会活动始于何时？还没有找到可靠的资料，尚待进一步研究。但明代刘侗、于奕正合著的《帝京景物略》中曾多次提到关于民间花会的活动情况。首都博物馆征集到的一对太狮老会的狮子，造型古朴大方，形象威武雄壮，制作技术精湛，经专家鉴定是明代晚期之物。另据京都二闸钢铃太狮老会中已83岁高龄的王惠荫老人谈，他听老一辈一代一代传下来，说他们这个会档是明代正德年间成立的。由此可以证明在明代北京民间花会组织已经很普遍了，表演技术也达到了相当高的水平。清代乾隆皇帝喜游乐又好大喜功，在他的提倡下，民间花会活动达到一个高潮，有些老的民间花会组织曾受到他的赏识。到清代晚期，慈禧太后当政时，为粉饰太平，并满足个人享乐的需要，在她过生日和一些喜庆的节日，就组织民间花会表演。传说在农历四月妙峰山过会时，有很多民间花会朝山要由颐和园北京门前经过，边走边表演。慈禧有时就在北宫门城楼上观看，她认为哪一档会好，就调进颐和园或皇宫里去表演。现在还有一些民间花会组织仍保留着龙旗、龙幌，号称“万寿无疆老会”，都是到颐和园或皇宫表演过，受过皇封的皇会。这一时期是民间花会活动的又一高潮。北京受过皇封的民间花会组织还是不少的。仅丰台十八村中的十八档会中就有四档皇会，它们是孟家村的旱船、张房的太狮、柳林的花钹大鼓、鹅风营的献音老会（吵子会）。

在北京地区，花会的发展始终是与寺庙紧密相连的。北京地区历史上宗教繁盛，寺庙众多。一般的寺庙都有固定的日子祭祀神佛，此期间有大量的善男信女前往进香，一些商贩借机前往贩卖商品，从而形成了集市，古称“庙市”。这种市集形式在北魏时期的著作《洛阳伽蓝记》中就已有记载，至今最少已有1500年的历史。北京的庙会据说起始于辽代，也有上千年的历史了。庙市即是庙会，但“庙会”一词出现得较晚，大约是清中后期。咸丰年间的《妙香室丛话》中有“京师隆福寺，每月九日百货云集，谓之庙会”的说法。直到民国时期，“庙会”这个词才出现在官方的文书上。

在庙会期间，前往进香的善男信女有些结成了团体，为庙会活动提供无偿的服务，以表示对神佛的虔诚和为自己积德，这种团体就是“香会”。元代时在白云观和东岳庙的庙会中就已经有了香会。明代对东岳庙和马驹桥元君庙开庙时，有香会进行掸尘和指阁的活动，证明当时的香会已有了文会、武会之分。

为庙会提供茶水、修路、打扫卫生等服务的称为文会；进行歌舞表演，以酬神娱人的香会称为武会。清康熙《宛平县志》中记载：“二十八日东岳诞辰，太常寺致祭。民间多结香会，盛陈鼓乐，旗幢前导，亦有装小儿为故事，名台阁者，以彰祭祀之仪，观者夹路。”这里所说的“香会”就是武会，即今日所说的花会。

花会起源于寺庙行香，故而与寺庙联系紧密，花会中许多表演项目都以寺庙中的器物为表演用具，如狮子会中的狮子是庙门前的石狮子、石锁会的石锁是庙门上的大锁、牌楼会演的是庙前中的旗杆、大鼓会和吵子（花钹）所使用的都是庙中的法器，诸如此类的说法很多。

庙宇造就了庙会，为花会提供了组成的理由和表演的场所，而花会又增加了庙会的活动内容，吸引了香客，繁盛了寺庙的香火，二者相辅相成，相得益彰。

北京地区的花会同样也是源于民间，但作为一种大型娱乐活动中的表演团体，却是源自宫廷的。明朝永乐年间，明成祖朱棣十分喜爱看民间的技艺表演，以北京民间组织民间艺人，组成了两档花会，称为“皇会”，一档赐名为“御赐神胆”，另一档赐名为“龙凤呈祥”，专门在宫中为皇家进行表演，有时大宴群臣，也为文武大臣们表演助兴。受宠信的权贵大臣家中有寿诞、结婚等大喜事时，皇帝也会派皇会前去表演助兴，以示恩宠。到清康熙、雍正年间，花会已经传播到官府之中，当时的五府六部都可以自己办会，而且经常举行走会表演。例如兵部的杠箱、礼部的中幡、吏部的双石、户部的秧歌、刑部的架棍、翰林院的五虎棍、老太府的小执事、掌仪司的狮子、达学馆的花坛、工部的石锁等。每档花会的表演内容，几乎都与该衙门的职能有关，例如中幡是皇帝出行的仪仗；架棍表演的是官府审案的情景；户部主管钱粮，因而组建了秧歌会；兵部的杠箱，是盛兵器之用的；工部主管建筑工程，因而组建了石锁会。每当朝廷有大的庆典，各衙门的花会都到畅春园去献艺。遇有皇家寺庙的御祭，如丫髻山娘娘庙会，皇家都要派人前去进香，各种官办的花会也要前去献艺。民间原有花会，显然不如官办的气派，后来民间花会受了官办花会的影响，学习了官办花会的组织形式，从而得到了进一步地发展。官办花会对民间花会的发展，有很大的促进作用。

顾颉刚先生专门写有一篇《香会的来源》的文章，他认为，“香会，即是从前的‘社会’（乡民祀神的会集）的变相。社祭是周代以来一向有的，而且甚普遍，自天子至于庶上都有”。“自从佛教流入，到处塑像立庙。中国人要把旧有的信仰和它对抗，就建设了道教，也是到处塑像立庙。他们把风景好的地方都占据了。”“游览是人生的乐事，春游更是一种适合人性的要求，这类的情兴结合了宗教的信仰，就成了春天的进香，所以南方有‘借佛游春’一句谚语。因为有了借佛游春的人的提倡，所以实心拜佛的人就随着去，成了许多地方的香市。”

“到远处的神佛面前进香既成了风俗，于是固定的‘社会’就演化为流动的‘社会’。流动的社会有两种：一种是从庙中送神出巡的赛会，一种是结合了许多同地同业的人齐到庙中进香的香会。赛会是南方好……香会是北方好，因为他们长于社交，有团结力。他们在进香中为谋自己的便利，故把同会的人分配了种种的职务。同时他们也谋别人的利便，故在道路中设立茶棚，招呼香客进内喝茶，喝粥，吃馒头，歇夜，尽一点‘结缘’的诚意”。

“承受香火的佛道教庙宇是各地都有的……它们可以吸致千里以内甚至于数千里以内的香火。所以然之故，只因它们的风景是特别好，能给予进香者以满足的美感。因此使在他们的意想中更加增神灵的美妙的仪态。”

“北京的妙峰，确是京兆，直隶一带风景最好的地方，那里有高峻的山岭，有茂密的杏花和松树，有湍急的浑河和潺湲的泉水。所以它能够吸收京兆全部及直隶北部，以至于侨寓京兆、直隶人的香火。”

顾颉刚先生认为，香会的起源与佛寺神庙所在地风景优美有很大关系，人们“借佛游春”而结成香会。这一点虽然不是香会形成的主要原因，但对促进香会的发展，确实有着一定的作用。北京历史上规模最大的庙会妙峰山庙会，当初只不过是一座远见卓识的山民们修筑的小庙，明代时城里人到离此不远的皇家寺院仰山栖隐寺进香后，到附近踏青赏景时发现了它，从而捐资重建，才使这里的香火兴盛了起来。来此朝顶进香的香客确有踏青赏景的目的，但这不是主要目的，最主要的还是因为怀有对老娘娘的一颗虔诚之心，是北京民间崇奉碧霞元君的一种表现。

## 第二节

# 花会的兴盛

北京的花会出现于元代，明代有所发展，清代早期和中期曾一度有所限制。到清末民初时期，花会活动繁盛，达到了高峰，会档几十种，会口上千个，是北京民间花会的大繁荣时期。这种繁荣的形成，既有政治上的原因，也有社会的原因。

### 一、政治原因

建立清朝的满族人是东北女真人的后裔，原是东北的游牧民族，信仰原始宗教萨满教。后在向西扩张过程中，受蒙古族所信奉的佛教中的一支——喇嘛教的影响很大，进入中原以后，学习汉族文化，并逐渐融入到中原文化之中。中原的汉文化是多元的文化，信仰以佛、道、儒三教为主，并且有着强大的民间信仰基础。清入关后，定鼎中原，对汉文化基本上采取兼容并蓄的态度。宗教是历代统治者所利用的统治工具，对安稳社会，收服人心有着军事上所起不到的作用，因而历代皇帝都十分重视宗教的作用。

清代诸帝，自清世祖顺治始，便极为尊崇佛教。定都北京不久，顺治皇帝便在皇城之内的西苑修建了永安寺，其标志性建筑即现今北海琼华岛上的白塔。此后的康熙、雍正、乾隆诸帝无一不笃信佛教，修建寺庙，进香拜佛之事不胜枚举。对于道教也是如此，顺治十三年（1656年），清政府对云游到北京的道士王常日（号昆阳子）优礼相待，请他出任白云观方丈，并封为国师，三赐紫衣，使一度衰落的全真教又兴盛了起来。正一派道教也有所发展，在正阳门外修建了天师府，后于雍正年间改建到地安门外。对于民间信仰的一些神灵，诸如读书人所崇拜的文昌帝君，民间信仰的关公、城隍、碧霞元君娘娘，也都成为了清廷推崇的正神。朝阳门外东岳庙、平谷县丫髻山娘娘庙，都成为了朝廷的谕祭之处。康熙皇帝亲封妙峰山为“金顶”，地位高居于北京包括“五顶”在内的诸多娘娘庙之上，就连朝廷祭祀的丫髻山娘娘庙也退居其次。嘉庆皇帝还亲自为妙峰山娘娘庙题写了“敕建惠济祠”的门额。

朝廷对宗教的推崇促进了花会活动的发展。现今东岳庙、妙峰山所存碑刻大部分是清代民间花会所立，证明当时花会活动相当繁盛。

但宗教容易被农民起义所利用，在清代，全国各地利用宗教进行的反清活动一直不断。特别是嘉庆十八年（1813年）发生的天理教起义军攻入紫禁城一事，使清廷一直对此心有余悸，从而对各种宗教活动都怀有戒心，特别是对妙峰山这样大型的庙会活动更是倍加防范，以各种借口，对庙会活动严加限制。

道光十四年（1834年）二月，妙峰山庙会开办之前，河北、山东、河南一带，成千上万的善男信女纷纷前往京城，准备到妙峰山去进香。如此众多的外地人涌向京城，引起了清廷的恐慌，负责保卫京师的步军统领衙门抓了许多“形迹可疑”之人，经刑部审问，原来这些外地人都是直隶、山东、河南等地去到妙峰山进香的香客。御史刘谊把这一情况禀报给了道光皇帝，请求定夺。道光皇帝于二月二十二日下旨给内阁：“此等无知愚民，不明福善祸淫之理，以为敬神进香，可邀福庇，即难保无奸宄之徒，从中煽惑。为会首者，藉此敛钱聚众，必至滋蔓难图，实不可不防其渐。业经获案，自难置而不问。朕思惩之于后，不若禁之于先。着直隶、山东、河南各省督抚转饬地方官，出示剀切晓谕，该民人等各安本业，即可受福。断不许结队成群，越境来京烧香。如仍蹈前辙，即将为首之人严拏究办。总责成该地方官平日善为化导，端其趋向，齐其心志，庶几经正民兴，日臻上理，朕实有厚望焉。将此通谕知之。”

道光十九年（1839年）五日，妙峰山庙会刚过，道光皇帝的侄子，后来出任扬威将军的奕经上本启奏：“宛平县昌平州交界地方，有妙峰山，建立庙宇，每年四月开庙，京中旗民男妇，前往烧香，沿途搭盖茶棚，匪徒等异服异言，起立会名，称为助善。”认为此事不合礼法，恐生事端，请求查处。六月十九日，道光皇帝降旨，“民人等赴庙烧香，原所不禁，即沿途搭盖棚座，鬻卖食物，亦事所常有。惟身穿异服，聚众鸣锣，以及创立名目，敛钱煽惑，殊于法纪。着步军统领，顺天府剀切详细出示晓谕。如再有奇装异状设立名目者，定当严拏惩办，以肃畿甸而儆愚顽。”道光这里所说的“身穿异服，聚众鸣锣”，显然指的就是民间花会。

咸丰二年（1852年）正月，御史伦惠上本启奏，“京西妙峰山庙宇，每于夏秋二季，烧香人众。有无赖之徒，装演杂剧，名曰走会，请饬严禁。”正月三十，咸丰皇帝传旨，“乡民春秋报赛，诣庙烧香，原为例所不禁。若如（伦惠）所奏，匪徒以走会为名，装演杂剧，以致男女混淆，于风化殊有关系。着步写统领衙门、顺天府及西北城各御史，先期示出晓谕，如有前项匪徒，即行拏究惩办。”

虽有皇帝的谕旨，限制妙峰山走会，但这根本是限禁不住的，因为在香客们的心目中，妙峰山娘娘的灵光远比皇帝的圣旨要重要得多。同治皇帝幼年曾出痘疹，慈禧太后到妙峰山求神许愿，不久同治皇帝痘疹痊愈，慈禧太后倍感老娘娘的灵光，而为妙峰山娘娘庙题写了三块匾额。此后，妙峰山的庙会活动因受到慈禧太后的认可，从而更加兴盛了。从表面上来看，事出偶然，实际上，皇家“堵”不住，那就只有去“疏”了，民意不可违。

清朝末年，由于特殊的历史原因，北京的武会达到巅峰状态。长期的艺术实践，使得最为优秀的会口脱颖而出，形成严格按照“幡鼓齐动十三档”规矩发展的花会格局。民国初年，花会改革会规，将旱船、小车和脚踏车纳入会规里，尽管仍然称作“幡鼓齐动十三档”，但是已经将“外三档”花会纳入其中了。

花会在清朝末年达到全盛。随着清王朝的灭亡，花会也呈衰微态势。但是民国初年尚能维持全堂武会。民国九年（1920年），天津发生水灾，北京的全堂武会在自来水公司举行的急募赈款大会上大显身手，一时传为佳话。

1928年，国民政府公布了一个神祠存废的标准，其中规定，应废除的是日、月、火、五岳、四渎、龙王、城隍、文昌、送子娘娘、财神、瘟神、赵玄坛、狐仙等神；同意保留的神祠有伏羲、神农、黄帝、仓颉、禹、孔子、孟子、岳飞、关帝、土地神、灶神、太上老君、元始天尊、三官、天师、风雨雷神等。这种规定，在当时是起不了什么作用的。清末民初时期，道教很不景气，人们逐步转向了对民间诸神的信仰，这也促进了民间庙会的发展，特别是民间花会的发展。

## 二、社会原因

以上可认为是政治上的原因，而促进民间花会发展最重要的原因，则是社会原因。清末民初时期，由于外国资本主义势力的侵入，促进了中国社会经济中商品经济的发展。商业、手工业、服务业都有了较大的发展。许多行业组成了行会，行会组织的花会是庙会中行香走会的主力之一。城市中的人口日益密集，缺少走会的场所，因而这些花会把行香走会的地点转向郊区，其中以妙峰山为最。清代时原来就有一些老的花会，年年去朝顶进香。民国初年，又成立了一些新的花会，“标名立万儿”，参与到行香走会的大军之中。

由于社会动荡不安，政局不稳，老百姓依靠政府无望，从而把祈求和平、安定、幸福，以及祛病消灾、娶妻生子、求子求财等一切美好的愿望都寄托在了求神之上，而对神灵格外虔诚，以此作为自己的精神寄托。

据20世纪50年代所编写的《北京志》分析，过去庙会发达的原因有二：第一，娱乐场所太少，没有电影院，戏园子也很少，并且内城还不许设戏园子，有也不许妇女听戏。另北海、中山公园等也是禁地。第二，那时供应生活必需品的商店不够广泛，尤其供应山货的会在庙会。庙会就因此发展起来了。“北郊的北顶庙会、丰台的看丹庙会、长辛店的娘娘庙和灰厂庙、朝阳门外东岳庙。这类庙会和古代的庙会也很相似，只是随着社会生产的发展，把烧香拜佛的部分逐步缩小，而逐步扩大了商业和娱乐的部分。”

朱宪一先生认为虽然多数节期庙会都具有游乐性质或是以游乐为中

心，但妙峰山却始终以香火和香会之盛著称。到妙峰山朝顶进香的香客来自北京、天津和保定等地的为多，沿香道有文武香会为他们提供服务。文会又叫善会，多是按行业自发组织的，沿途搭盖茶棚、施粥施茶、燃路灯。武会中有中幡、狮子、开路、五虎棍、少林棍、杠子、花坛、高跷和什不闲等形式，以娱神的名义歌舞于途，一直要到山顶。清廷以其“男女杂沓，败俗酿弊”为由，多次饬令严禁，但屡禁不止。花会是当时多数市民和农民唯一的娱乐方式，人们为看会而逛庙，所以逐渐以庙会取代了庙市之称。

由于政治性和社会性双重原因，促进了清末民初民间花会的发展。“庙会集中地体现了老北京人的生活习俗，但它毕竟是在商业不发达、娱乐场所少的历史条件下形成和发展起来的”，而清末民初正是这种历史时期的典型代表。清末民初时期，具备了促进民间花会大发展的各种条件，这包括政治的、社会的，还有经济上的、人们心理上的各种因素。是社会的土壤和气候为民间花会的大发展提供了适合的条件，因而才出现了清末民初时民间花会的繁盛。

庙会、花会属于民间活动，原来鲜见史籍记载，有记载的也是非常简略的一两句。清代的一些文档中虽然有了一些记载，但都是防止“奸人”“匪徒”借走会之机作乱之类的词语。自1925年4月，顾颉刚先生和北京大学研究所风俗研究会孙伏园、容庚、容肇祖、庄严一行五人到妙峰山庙会进行了三天的实地考察，将他们的见闻结集为《妙峰山进香专号》出版后，才引起学者们的注意。在此之后，奉宽先生把他自己从清光绪二十二年（1896年）到民国初期几十年对妙峰山庙会进行的考察研究，撰写成的《妙峰山琐记》出版。此后对庙会、花会进行研究的人越来越多，著述也屡见不鲜。我们今天所见到有关花会的文字材料，以记载清末民初时期的最多，从而也就加深了后人对这个时期民间花会活动的认识。这些著述同时也是了解当时社会状况、研究民间花会的宝贵资料。

## 第三节

# 花会的复兴

到了20世纪50年代，北京的花会，尤其是庙会上的花会仍然存在，在重大政治节日之际，各种花会也都出来表演，增加了热烈气氛。但自50年代中期开始，花会逐渐走向衰落。尽管20多年后，花会又开始复苏，但当年的老艺人大多都已故去，健在者也已年逾花甲，很难恢复往日的辉煌。尤其是一些高难度动作和一些老艺人的绝技，如踩高跷走大绳、踩高跷上五层桌子、双石表演的十三龙头等均已失传。民间花会的一些技艺亟待挖掘抢救。花会作为一种民间娱乐形式，精华与杂芜共存，是难以避免的。然而，完全可以存其精华，去其糟粕，实事求是地加以引导、抉择，这才是对待它的正确态度。可惜的是，当人们从教训中认识到这一点时，许多往事都已成为永久的遗憾。

在北京海淀的西北旺村，高跷花会的负责人杜宝刚曾以喜悦的心情，描绘本会复兴的情形：

西北旺的会其实不是我们家的，但大家都认为是我们老杜家的。那时候办会没有公共场所，一直都在私人的家里。我们家祖辈都干这个，打皇宫时我爷爷是当小二摇辫的，所以会一直都在我们家办。像我现在一家好几十口人，要是不爱秧歌，儿媳妇、孙子、孙媳妇、嫂子……就会反对，因为老是敲锣打鼓的。但我们祖辈都好这个。

“文化大革命”的时候我父亲80多岁，整天在炕上躺着。每天也吃也唱，就是起不了床。他曾是地下工作者。“文化大革命”后期平反了，一平反，我什么东西都不要，就把龙旗要回来了。我对他说：“爸，您平反了。您又是革命者了。”他不理会，只说：“早就该平反了。”我又说：“我把龙旗拿回来了。”只见这老头儿眼里突然有了光，条件反射似的噌一下蹦起来问：“拿回来了？”我说：“秧歌又能举办了！现在不算'四旧'了。"说着，我拿出龙旗给他看。老头儿这眼神简直要哭了似的，反复说道："行了，行了，家产都不要了。"晚上大伙一来，一敲锣打鼓，老爷子照旧躺着。结果年轻人敲点打得不对，我爸一下子从炕上的被窝里蹦了起来，喊道："不对，不对！尽瞎打！"随后就下地给大伙示范，怎么打怎么扭，当场表演。当时他那身体医生给他打葡萄糖都不吸收了。可是，1980年秧歌会复办后的第一次表演，他一直跟着走着去的颐和园。其他人都让老头儿注意着点儿。他乐呵呵地说："我没事！"这以后又活了三年，1984年去世的。一般岁数大的人都知道，这老头儿的事还是有点奇异。我们叫疯魔了。他就好这个，已经痴到脑子里了。其他的，什么都不要，就要秧歌！

从前，会的资金全是由西北旺村民凑出来的，老都管拿个笸箩从山下到村子，挨家挨户地说："秧歌向你这里拿钱了。"村民们家家支持，都没有拒绝过。最困难的家庭拿不出钱，就把自己的手绢花袄贡献出来。如今景况有了改善，资金由村委会出，村民们也会热诚地一百、两百地出。在西北旺花会打错点，老头儿老太太都知道，不是会里的人也都知道。因为几百年了，人们都从小在这儿长大，老看老听，耳熟能详。我上妙峰山演出不害怕，可是初二在村里表演，我们都提心吊胆的。因为你鼓点不对，打得齐不齐全，岁数大的全看着也全都知道，一旦出了错，老头儿老太太就指出："你们不对！"

我们高跷会，凡是进了会就没有再退出的。要是想不干，就得挨骂。岁数大的骂你，把你说得一无是处。老太太骂你，第二天又跑过来劝你说，别不干啊，不然会就毁在你手里了，不干你就对不起爹妈、对不起祖宗、对不起关老爷，把你说成个千古罪人，让你不得不干。有一天，区政协委员开会说秧歌危险大，不办了。我就去领导家说，你凭什么说秧歌不办了？你怎么说不办了？200多年都办下来了，谁都得办！你现在登跷不行，但在旁边指挥着看可以。你要上对得起关老爷，下对得起西北旺。咱们这一代死了，秧歌没丢才是对得起祖宗对得起关老爷！活着一天都要办！我们挨家把老都管都找着了，半身不遂的都去了，连大队书记都去了。我说："你不找人办不下去，不办了我们就是

千古罪人！”书记说：“行！只要你还干，我们都跟着你！”（杜宝利口述，2007年7月18日采访）

自花会活动恢复开始，令村民难忘的表演活动接踵而至。这其中，最感得荣耀的是1980年他们被邀请到颐和园去演出。这是他们受封皇会的地方，因此，重回故地就意味着追念老祖宗的功德。同时，这次表演也是自1979年花会复办后的第一次大型演出，不仅传达了村民对秧歌久违的激情，而且释放了“文化大革命”对村民压抑已久的情绪。现任会首杜宝利回忆说：

那次我们大家都特别激动，往颐和园一路都是人，多少人都捂在一起，里三层外三层，路都走不动，民心一下子都起来了！我们西北旺去了一百来人，那次表演的大大小小的会，就高跷会走的正门，其他会都走的如意门。大伙玩得都特高兴，跟吃了兴奋剂似的，玩命地蹦！（杜宝利口述，2007年7月18日采访）

此后，北坞、分钟寺、妙峰山、太舟坞庙、永丰屯庙、清河、土井、唐家岭、丫髻山、小峨眉山、黑龙潭、颐和园、圆明园、白塔寺、先农坛、白云观、降福寺、大钟寺等许多地方都留下了他们的足迹。在这一次次的仪式操演中，妙峰山的朝顶进香在村民的精神世界里占据了最为重要的地位。自从1995年第一次在妙峰山登台，时至今日从未间断。这十几年间，每逢农历四月庙会到来，老少玩角儿就会积极操练，热心的村民就会倒计时，等待朝顶的佳期。他们明白，这年复一年的走会，不仅仅是个人的兴趣，更是对村落传统和祖上荣光的坚持。

民间花会五花八门种类繁多，在广大人民群众中有深远的影响，应大力提倡才是。但民间花会中精芜并存，对待它既不能全盘肯定，更不能一律否定。要用历史唯物主义的观点去分析研究，对健康有益的要继承发扬，对带有封建迷信的不健康部分要加以剔除，推陈出新，使这朵民间艺术之花，在社会主义条件下得到更大的发展。

长期以来，北京民间的行香走会是以被神驱使，为神效力，行善劝善为宗旨，以追求“面子”，即“社会声望”为诉求的民间文化活动。但是，“社会声望”具有十分丰富的内涵和不同的价值取向，因此当清朝末年，皇权垂顾“幡鼓齐动十三档”武会的时候，以慷慨好施、公正侠义、谙熟会规为内容的社会声望标准，立刻被能否成为皇会所代替。皇会成为武会组织从会首到普通会众心目中至高无上的“社会声望”，成为他们的最高价值追求。为此，许多人不惜倾家荡产，更多的人苦练技艺，希冀有一天邀取皇宠，得到“御览”，获得令人羡慕的皇会称号。由此也创造了北京“幡鼓齐动十三档”武会的极度繁荣，表演艺术登峰造极的局面。

1983年，在隋少甫先生等人的努力下，北京原崇文区恢复了民间武会表演，北京的民间花会逐渐复兴。但是由于新的社会转型期已经到来，在融入了思想观念、价值追求等精神层面的社会变迁的形势下，复兴的花会再次面临着对“社会声望”的价值判断。于是他们迅速地调整改变自己，积极响应社会的变化。当年，走会分为走香会和走局会。走香会指的是参加天台山、妙峰山、丫髻山、东岳庙等庙宇的香会；走局会则指受邀表演。无论哪种，都是“茶水不扰，分文不取”。现在，除了妙峰山、丫髻山——庙会对于他们而言，有着太多的精神留恋——依然愿意保持“茶水不扰，分文不取，笼箱自备，行香走会”的惯例外，在其他官方或民间自发组织的活动中，出场表演并赢利，或者说获得经济报酬，已经成为不争的事实。局会，几乎成了收费表演的代名词。在这种情况下，武会的“社会声望”内涵，也变成师承有源，演员阵容整齐，表演技艺高超，在武会资源竞争与分配中拥有一定的优势与权利等。这种社会声望能够给他们带来更多的客户，提供更多的演出机会，也就意味着能够获得更多的经济收入。

进入21世纪，与隋少甫先生同辈的武会会首相继作古。新一代武会精英更加倾向于顺应时代潮流，通过市场运作，传承武会文化。因为他们所掌控的武会在师承渊源、组织结构、技艺传承、整体风貌上依旧保持着传统风格，唱词、造型仍然沿用经典主题内容，所以他们是掌握武会文化的骨干力量，并通过对武会资源的享有与再分配，影响着北京武会的市场化进程。新一代武会精英认为，行香走会不是武会唯一表演的舞台。每年仅仅在妙峰山、丫髻山庙会上走会表演，只能将宝贵的文化财富、经典的民间艺术限制在一个狭小的空间，推入孤芳自赏、日趋衰败的境地。在他们眼中，武会真正的价值完全可以依靠市场的需求得以实现。于是，昔日以行香走会为标志，“茶水不扰，分文不取”的武会成为公开营利的社团组织，活跃在官方举办的文化活动、企业的开张典礼，以及乡村居民的红白喜事等场合中。他们的转变，适应了中国从传统社会向商品经济社会转变的历史潮流。也正是他们的转变，才能够将“幡鼓齐动十三档”的表演技艺和会礼会规继续保存下去。

北京的民间花会在民众的社会生活中发挥着重要的作用，在这种活动中，人们较量智慧、人格、技能，有着当代社会的公共活动无法比拟的文化魅力。从本质意义上来说，它是人们与掌握世界命运的神灵沟通的方式，关系着每个参加者人生价值和意义的实现以及社会地位的确定等重大问题。这样浑然一体、意义多重的文化现象，如陈年佳酿，细绵悠长。

2006年春节，《北京日报》曾专门撰文，报道当年新春京郊花会大拜年的热闹场面：

丙戌年春节期间，平谷、怀柔、顺义、门头沟等远郊区县都举行了大规模的民间花会大拜年活动。

**平谷：61支花会队行进表演**

正月初五，气温低至-10℃。上午9时，平谷18个乡镇和街道各装扮了一辆代表自己特色的花车，从世纪广场出发开始表演。61支花会秧歌队在花车引导下，边走边表演中高跷、舞狮、舞龙、小车会、跑旱船、秧歌等民间花会。长达两公里的平谷府前大街处处洋溢着欢乐喜庆的节日气氛。近3000名演员穿得格外鲜艳，服装都是用区里补助文化活动的专款购置的。表演中，最惹人注目的是老年大鼓队，几十面大鼓敲得震天响，引来数万观众喝彩。在震天的锣鼓声中，群众互致新春的问候与祝福，景象热闹非凡。

### 大兴：花会调演土洋结合

昨天参演大兴区“庆新春花会调演”的近百支秧歌队是从全区700余支秧歌队中层层选拔出来的。秧歌队的大爷大妈手持花扇；腰鼓队的队员腰挎腰鼓；而100对儿交谊舞表演者则身着礼服、舞裙跳起国际舞。不远处，还有手工艺现场制作，含情脉脉的黛玉、落落大方的宝钗在剪纸上翩翩起舞；火红热烈的中国结透着节日的喜庆；还有面人儿孙悟空、猪八戒栩栩如生……真是古今中外，土洋结合，让不同口味的群众都能找到乐子。

### 怀柔：严冬热跳新疆舞

红螺庙会、新疆艺术团演出、“宏怀之夜”贺岁相声小品晚会、乡村书画摄影展览、科普电影放映……今年春节，怀柔区各种文化活动好戏连台。特别值得一提的是，新疆和田地区洛甫县歌舞团春节前几天深入杨宋镇等镇乡、村，带来五场原生态的新疆歌舞。其中包括维吾尔族舞蹈《维吾尔族姑娘》《昨热赛》，独唱《塔里木》《库尔班吐鲁木在哪里》等精彩节目。同时，慕田峪艺术团在正月期间也不休息，奔赴山村、厂矿等基层慰问演出。沧州杂技团的威风锣鼓、高跷、舞狮和民间花会等精彩表演也在初一到初六期间亮相红螺庙会。

### 顺义：四省市花会莲花山比拼

今天，“张镇莲花山”杯第二届北京民间花会大赛将在顺义莲花山滑雪场举行。来自北京朝阳、门头沟、石景山、海淀、丰台、大兴、西城等区的17支队伍和河北、天津、辽宁的花会队伍将同台竞技。除了大鼓、龙狮舞、高跷、中幡、五虎少林、小车会、开路等传统的花会外，大赛还将进行耍石锁、耍坛子、京西古幡乐等绝技的比赛和表演。

### 门头沟：400年老戏重视

春节期间，门头沟斋堂镇柏峪村的秧歌戏班恢复了中断几十年、具有400年历史的柏峪村秧歌戏。通过春节前紧张的整理和排练，秧歌戏班正式成立，并在春节期间在门头沟表演了十几套老戏，令具有地方特色的戏种焕发了青春。此外，门头沟区第十六届艺术节也将38项文艺表演带给全区群众。

近年来，民间花会越来越引起人们的重视，广泛出现在各种庙会，庆典和节日活动当中。然而，它所面临的困境和挑战也日益明显。其中包括：

其一，娱乐方式的多元化，使花会的娱乐功能被消解，尤其是现代电子游戏，更加受到青年人的欢迎。闲暇时间，人们更倾向于选择坐在电脑或电视前消磨时光。尤其是年轻的一辈，新奇刺激的网络世界更容易吸引他们的注意力。相形之下，花会如一个老者，穿着粗布短袄，浑身散发着泥土气息，步履蹒跚。

其二，青少年的工作、生活压力过重，难以有余暇时间参与民间花会的训练和演出。尤其是在读书的孩子们，周六周日还要参加各种特长班、兴趣班、补习班，即使对民间花会有兴趣，也没有精力参加训练；另一方面，像开路、秧歌、高跷花会组织，难度系数和危险性都较大，练习的时候是可能要受伤的，这又打击了部分孩子和家长的积极性。

其三，面对新的时代，人们觉得高楼、洋房、西餐等才是现代化的标志，而民间花会已然土得掉渣，就像四合院、福建土楼等一样，被视为是落后而老旧的代表。

# 第四章 花会的会档（上）

北京的民间表演艺术种类繁多，内容极为丰富，表现在花会上就是会档多、会口多。每档花会都是一个成熟的民间艺术表演体系，有固定的套路、动作和伴奏音乐。花会表演有以舞蹈为主的，有以演唱为主的，有以音乐为主的，有以杂耍为主的。但这些又是密不可分的，大多数花会都有文场伴奏，舞蹈又与说唱、音乐、杂耍相结合。而有的只是纯粹的技艺表演，如中幡、坛子、自行车等；还有的则载歌载舞加说唱，如同戏曲一般，可以表演一个完整的故事或折子戏，如地秧歌、高跷、五虎棍等。

以舞蹈为主的花会：五虎少林会、开路会、狮子会、太平鼓、高跷、地秧歌、小车会、旱船、跑驴、竹马等。

以音乐为主的花会：吵子会、大鼓会、文场、道经会、锅子会、花钹会等。

以杂耍为主的花会：坛子、石锁、双石、中幡、自行车等。

## 第一节

## 什么叫“井字里”

当年的北京民间花会界有“井”字里与“井”字外的说法。所谓的“井字”，是以皇宫为中心将北京城画为一个井字，“井字里”包括城里和它周边的一些郊区，如现在的朝阳、海淀等地。也就是说，除掉“井”字西南一角的所有地方，都属于“井字里”。“井字外”专指“井”字的西南一块，也就是今天的丰台区花乡。长期以来，当说到北京花会的时候，往往“井字里”“井字外”分开来说，“井字外”自成一统。但是，它们之间有一点是共同的，即都有“钱粮”——标志为碧霞元君信仰服务的“笼幌”。

井字里的会档共有13种，称为“幡鼓齐动十三档”。这十三档会为什么算是会规以里的会呢？据会中的老人讲，因为这十三档会表演用的道具和器械是由娘娘庙里的一些设备和器物发展演变而来的。例如：杠子会表演用的杠子是娘娘庙山门上的门闩；石锁会的石锁是娘娘庙山门上的门礅石；太狮会的狮子是娘娘庙山门左右的石狮子；中幡是山门两侧的旗杆。走会的人还把这十三档会编了一个顺口溜："开路打先锋，五虎紧跟行，门前摆设侠客木（拦路的木栅，指高跷腿子），中幡抖威风，狮子蹲门分左右，双石头门下行，掷子石锁把门挡，杠子门上横，花坛盛美酒，吵子响连声，杠箱来进贡，天平称一称，神胆来蹲底，幡鼓齐动庆太平。"

十三档花会行进中的前后顺序，在内容的解释上，虽然有较浓厚的神佛意识，但从效果上看，它有利于边走边表演这一特有的演出形式。

浩浩荡荡的花会队伍，载歌载舞，是一支十分吸引人的文艺大军。每逢有花会表演，便出现万人空巷、道路阻塞的壮观场面。

花会的走会规则一般是照上述顺序排列，"一字入宫门，九牛拉不动"，不能更改。但也有的是将中幡排列在首位，如大旗一般举在排头。这也符合"幡是眼，鼓是胆"的说法，一首一尾相互照应，但与"开路打先锋"的规则不甚相同了。

北京花会在颠颠簸簸的发展过程中，不断充实、丰富、完善自己，终于形成了"十三档花会"这种宏大的走会形式。它既是表演内容又是一种排列阵容。按照这个阵容，北京花会的队伍便浩浩荡荡、载歌载舞、热热闹闹地边表演边朝前行进了。

从静态画面上看，十三档花会组成的是一幅神圣的庙宇建筑及布置摆设的平面图案。

十三档花会又名"十三堂花会"。在这里，这个"档"或"堂"，是指一个具体的表演项目，如"一档（堂）高跷"，"一档（堂）舞狮"，而不管这个项目里包括几支同类型的表演队，哪怕有十支高跷队，也叫"一档（堂）高跷"。13个项目齐全了就叫一个整会，倘若只有八堂或五堂，则只能叫半堂会。

但有时这个"堂"字，也当"一支表演队"讲，如十三堂太狮会，则指所谓当年受过皇封的13支太狮表演队。再如"京都大兴县东便门外唐将坟村同心助善秧歌一堂”指的也是一个具体的表演单位。民国时，北京在册的武档会曾发展到128堂，但总称上也叫十三档花会。

清末民初，北京花会最为繁盛，“井字里”的会听“四大香首”的调遣；“井字外”的会只听章富春、董玉林两人的指挥，这俩人是西南乡花会的总会首。“井字里”“井字外”的会交往不多。

民国以后，原有的精品十三档中又增加了三档会，顺口溜儿也就又加上了“门外旱船把驾等，踏车、云车（小车会）紧跟行”，由此构成了十六档的新队容。于是有人为这新诞生的十六档编了会歌：

金鼎圣驾在居中，
黑虎玄坛背后拥；
清音童子谨守驾，
四值功曹引大同。
杠子门闩掷子锁，
一对怪兽把门封；
花脖吵子带跨鼓，
开路打路是先锋。
双石杠箱钱粮柜。
圣水盛在花坛中；
秧歌天平齐歌唱，
五色神幡在前行。
前有前行来引路，
后有七星互纛旗飘空中。
真武带领龟蛇将，
挚掌大纛在后行。
门外旱船把驾等，
踏车云车紧跟行。

在会规里的这首会歌中，包括了十六档会。其中有四档会属于武会中的文会，其余十二档会为武会。

## 第二节

# 开路会

### 一、何谓开路

开路也叫耍钢叉、滚钢叉或飞叉。旧社会忌讳说叉，因此会名都称“开路”。在会中叉也不能叫叉，而叫“执事”。舞钢叉有逢山开路之意，所以“幡鼓齐动十三档”把它排在第一位。据老艺人讲，飞叉的活动与宗教有关，和尚、道士打坐时间久了，胳膊腿麻木了，起来练练叉，活动一下腰腿。开始时也不一定是现在用的钢叉，很可能是禅杖或其他什么工具。现在山东省的一些地方，还有在劳动休息的时候拿铁锨等工具练着玩的。后来流传开了，成为一门技艺，为了好看，改为叉形，并加上铁环，练起来就有声有形了。

◎ 仰山开路的当家花旦张宪的飞叉表演 ◎

### 二、开路会的内容

开路会表演的内容是《目连救母》的故事，主要是演这个传统剧目九场戏中的一场，叫《五鬼捉刘氏》。故事讲的是刘氏吃斋念佛进香，结果没得好报，开始诽谤佛祖，最后有五鬼来捉她。这档会供奉的祖先是地藏菩萨，因为地藏王是管鬼的，故事很简单，只是现在的表演没有角色扮演，几乎是纯粹的舞台形式。开路圣会的飞叉套路仔细算起来有100多套，耍叉的要样样都会。这些套路都是耍叉走会的人和老师一起编的，每个套路都有名字，每个套路里边又包含好几个动作。为了好看，改为叉形。钢叉的叉柄是用锄头把儿制成的，有一米多长，擀面杖粗细，固定在钢叉上的叉头可以转动，有的还拴上铃铛，转起来发出

“哗啷哗啷”的声响。走会时，通常五人一组，其装扮类似神话中的夜叉，脸上勾着脸谱，有大鬼一个，小鬼四个，赤臂，上下一身黑色，腰周围一虎皮裙，青缎子靴，青缎子靠，除扬钢叉还使用其他武器，各显奇技。

耍钢叉主要是一些武术套子或一些基本动作，名称有“戏水”“风摆荷叶”“连环趣事”“单双抱月”“转盂”“纺线”“朝天镫”等，三个最基本的动作是“筛糠”“背剑”“搅尾”。因为在出会的过程中要不断地表演，而一般高难的套环动作又不能连续做，所以，中间就用这三个基本动作串起来。接叉、扔叉，讲究将叉在全身和头上做各种飞舞的动作而不落地。表演时，动作连贯，环节

各种飞叉表演动作

◎ 各种飞叉表演动作 ◎

紧凑，寒光闪闪，十分好看。但时时处处透着惊险，使观众自觉躲避，从而为后边的各档会打开通路。因此，称耍叉为“开路”。过去朝山进香时，开路会总要提前几天出发，即便遇上其他档会，照例也要为他们让路。

需要说明的是，前面所述的勾脸、围虎皮裙的为“样鬼”，他们走在开路会的前面，但他们不表演，真正表演的在后面，不勾脸赤臂者总指这些人，其人数不限，多在十人左右，穿薄底靴子，各色彩裤。

开路可以一人单练，也可以几个人对练，还可以“过活”，和戏曲武打演员打对手一样。开路一般是在平地上练，有时要上到桌子上或高台上练，把两张八仙桌并在一起，再放上一条宽板凳，演员站在板凳上表演。

开路会有五鬼，都（大）鬼叫独角鬼，其他四个小鬼分别叫鸳鸯、短命、无魂、地理。开路会供地藏王菩萨为祖师，相传他有威慑、统辖众鬼的能力。

## 三、开路会的走会规程

开路会有着严格的走会规程，会前要举行庄严的仪式，因为会的活动涉及鬼神事宜，所以要杀一只白色的公鸡，众人喝下滴有鸡血的白酒，就不会惹上麻烦。《妙峰山志》“开路会化装形式”介绍说：

按，开路为《五路都催鬼》，又称《五鬼捉刘氏》。大鬼抹红花脸，代（戴）獠牙，挂耳环，金抹额，上加白鬼头五个，披罗汉发，上有二扁发圆光，青衣靠，腰系虎皮战裙，红裤黑靴，手执钢叉。其余四鬼均抹黑花脸，服装同前，均手执钢叉。化装者是为门面货，技艺高超，乃为净练儿。其手法很多，如苏秦背剑，蝎子爬，反背花，腰串儿，怀中抱月，夜叉探海，脖串儿，十三联珠，许多姿势。好练手皆自备钢叉，不用会中的。地安门内铁匠营开路，在皇会中最有名望。练手孟八，尤以飞天滚背、十三联珠，每练必博得彩声振地，所以又有“后门的开路——空中转”，真是誉满北京。练手以双头叉最难练。其笼望之圆笼光黑色漆，描金花儿，木架光红漆，黄铜饰件儿，插四根斜尖黄绸旗，旗顶上拴十字铃二串，共两挑儿。挑笼人穿黄布马褂，黄布包头，两名前引代（带）路，颠屏振铃走会。屏即会笼子别称。

开路走会时配合一档文场。文场只有打击乐，一个丹皮、一个堂鼓、两副跷、两副钹，行话叫“八扇铜”，外加一个小镲锅。

## 四、开路之源

开路会的历史能够追溯到御赐金叉。清朝末年的陈永利组织了第一个开路会，旗下有五个徒弟——赵松涛、范月川、景荣、宋文玉、德子清。景荣之下又有12个徒弟，其中之一就是当代的花会泰斗隋少甫，隋少甫的八个徒弟现在都活跃于花会界的各种场所，包括张文礼。张文礼是仰山开路的会首，现在他已找到能传承会礼会规的接班人，即带会的会首。张文礼所带的这档会中的文武场也各有自己的传承。武场几乎都是亲族传承，这就是所说的“子弟玩意儿”，指家里自己玩的玩意儿。

说大一点就是自己村的，子弟就是老一辈、父一辈、子一辈。还有子弟文场，都带着子弟。武场里并没有一个严格的代系之分，很多时候第一代和后边的人都是同台演出。武场中以张宪为武场头，表演的人员包括张建、张楠、张蕊、张秋芳、张雨晨、杨欣怡、张震等人。文场中以张金祥为文场头，人员包括张文艺、张伟、李惠增、李挺、李林等人，从名字就可以看出这些人大都是具有亲属关系的。

台柱子张宪从小到大一直在练的动作叫“背剑”，即“连环背剑”。背剑就是立一把剑，而张宪不仅能连环背，更是能让剑不落下来。她走的本是舞蹈学院的舞步转圈，跳舞，甩头跳，地下有步，脚底下有圆圈，连环就舞起来了。表演中有个动作叫“纺线”，行话叫作“掉金背”。这个动作京剧里头的扈三娘有一段，但扈三娘练的是枪，移到飞叉里面就叫掉金背。还有一个动作叫作“两截练”，但由于技术含量高，比较危险，现在徒弟们已不练了。还有“拉车”“双抱月”“叉两节”等，这些动作本身就惊险难练，是别的档会没有的特色动作，文武场配合，更是夺目。而这档会真正的出彩之处，是表演形式融合了多方面的技艺如京剧、舞蹈、武术、杂技以及开路，从而具有舞台表演的特色。

近人所著《北平的百戏》中特别指出：

开路即是舞叉。叉上有铃铛，耍叉的演员都勾出脸谱，象征古来的人物，后面追随着武场，和演员的举动应声合奏。衣服多尚青色，锻靴和青缎靠，系丝绦及虎皮战裙。在扔叉接叉之外，所习练的名目有“十字披红”“玉带横腰”和“旱地拔葱”等。大概以将叉在全身乱滚永不落地为比较好看。

《都市丛说》则对20世纪二三十年代北平的飞叉表演及传承情况做了详细的记述：

耍飞叉：现在以飞叉卖艺者，多出于万不得已，但有一线之路，决不肯以此为生。因是艺皆系子弟出身，在香会中称为“开路”。虽是一种游戏玩意儿，非有真功夫不能成。如“套子背剑”“戏水过桥”以及“倒正转身”“单打翅子”“提柳”等等，要皆非溜不可。其中最难者，莫过于踢，只要杆子一打蹦儿，准保碰伤迎面骨。当中最出名者，南城为粟十、徐三、徐四、王天禄，西城为二瑞子、疯瑞子、玉四、大萧。此等玩意儿，又为厨茶行人所喜，如车子营、黑窑子、鞭子巷等处，都在早年贺过排（不贺排不能加入香会）。而今势变情迁，谁还顾得了耗财买脸，即便偶尔出一回会，也不过就是努力为之。有正业者，尚能勉强敷衍，论到素无正业之人，只好就是以艺换钱。现在售艺之王雨田，即是开路会中的好练儿，一旦归入生意，其苦也就不问可知。

如今，飞叉和五虎棍已然成为两档不同的会档，然而早年间，二者曾同为宗。顾颉刚在《妙峰山》一书中专门提出这点：开路有两种：一、五虎棍，二、飞叉。现在棍已自成一名，开路等属于飞叉。杂耍场中时时有之，然犹自谦云“诸位有练过开路的，指教一二”。清代以来，北京地区的庙会开路中，又有专以耍棍见长的开路五虎棍。其中分“式架棍”“少林棍”“藤牌少林棍”“跟斗棍”等名称。表演套路则有“三抽”“三扫”“三捂”“三月子”“二龙头十八棒”等区别。

当年，黑窑厂有一档开路会非常出名，称“公议祝善开路老会”，会首叫刘五。这档开路会经常到二闸走会。走会时，每档会包一条船，很多会都在船上边航行边练。黑窑厂开路会的船，每到二闸桥边时，桥上总站着一个练儿（练钢叉的演员），船上的练儿将钢叉高高抛起，桥上的练儿接住钢叉，就在桥上表演起来，等一个套路练下来，船正好穿过桥洞，划到桥的另一边。此时，桥上的练儿把钢叉再高高用脚踢起，恰好落在船上，船上的练儿接住钢叉继续耍练，每练到这时，两岸响起一片叫好声。这两名练儿，就是王雨田和张子芳。于是黑窑厂的开路走二闸，也被传为佳话。

在百本张的戏档中，曾以艺术的语言，对开路做过生动的描述：

"开路叉，逞英豪，勾花脸，桐油照，发髻披散四下抛，青缎子靴，青缎子靠，虎皮战裙记纱包。旱地拔葱不好学，十字披红、玉带横腰。这些故事全学好，唯有窜裆最难教，劲儿也不许大，劲儿也不许小，劲儿要是一大，拐不过弯儿来可怎么好？瞧热闹哥儿们打点褥套，躲闪不及一命消。教我练，学不了，我不能五逢六月戴毡帽。"

走会时的开路，演员无定数，但其中必须有五个"样鬼"，俗称"开路鬼"，也就是类似古代方相一类的开路神。这五个样鬼都要勾画脸谱，其中一个头戴大额子，其余四个蓬头散发。他们身穿不同颜色的褶子衣、红彩裤、黑薄底靴子，走在迎神队伍的最前面。紧随其后的是开路演员，脚穿薄底靴，各色灯笼裤，身披大氅。表演时则脱掉上衣，赤膊上阵。

开路会是传统十三档之一，是一项集武术、京剧动作、舞台步法为一体的文化遗产，它丰富了舞台形式，也丰富了人们的业余生活，在一定程度上满足了人们精神上、情感上、知识上、娱乐上以及信仰上的更多更大的需求，因此它是具有保护价值的。

## 第三节

# 五虎棍会

## 一、五虎棍的传说故事

其表演取材于宋太祖赵匡胤棒打董家恶霸“五虎”的故事，故名五虎棍。演员勾画花脸，身着戏衣，手持齐眉棍和三节棍。各种武术套路预先编排演练。走会时，在锣鼓伴奏下，通常有六至九人参加表演。故事情节有《董家桥》《燕青打擂》《武松打虎》等内容。双打、群打交替进行，各显奇技。

五虎棍又叫开路五虎棍，分四大类：一是式架棍，正名叫“五虎打路”；二是少林棍；三是藤牌少林棍；四是跟斗棍。后三种比较少，跟斗棍最少。

相传董家五兄弟，练就一身本领，每人使一根齐眉棍，在董家桥称强称霸，来往行人要过桥须向他们交纳财物，否则不准通行。这兄弟五人恃强凌弱，欺压百姓，人们惧之如虎，故送绰号曰“董家五虎”。传说宋太祖赵匡胤在当皇帝之前，一次路过董家桥。董家五虎向赵匡胤等索要买路金银，赵等坚决不给，双方就打起来了，后郑子明相助，打败五虎。《妙峰山志》的记载说：

按，五虎棍化妆七人，第一为赵太祖匡胤，抹油红三块瓦儿，黑眼瓦，眉正中描一笔金圈儿，尾尖至顶端，像形似龙，有帝王之像。挂黑满髯口，头戴绿色六楞英雄帽，青芡菇叶儿帽上密排绒球，绿衣靠大领，周身宽边绣云头十字判，背后灯笼穗儿，抓地虎快靴，手执蟠龙棍，猛视之若施公案中之关小西。二为鲁郑恩，字子明，抹黑花脸，头挽牛心发纂，押耳黑毫，挂黑扎髯口，穿黑衣靠，黄英雄带，足登快鞋，形如《庆顶珠》萧恩，手执齐眉棍。其后五人，为董家五虎，俗呼‘头根儿、二根儿、三根儿、四根儿、五根儿’。头根为大虎，抹黑花脸儿，押耳黑毫，挂黑扎髯口。头代（戴）马尾透风巾，青衣靠，黄英雄带，足登鱼鳞趿鞋。手执齐眉棍，形如《青风寨》之李逵。二根儿为二虎，抹黑绕云儿，歪花脸儿，服装同前，猛视之如《洗浮山》之于七。三根儿为三虎，抹白石榴脸儿，代（戴）八字髯口，代（戴）马尾透风巾，服青衣靠，形如《盗钩》之朱光祖，手执齐眉棍。四根儿为四虎，服装同前，形如杨香五，手执齐眉棍。五根儿为五虎，是最猛烈角色，抹绿歪花脸儿，头挽红发纂，红耳毫，挂红扎髯口，穿绿夜行衣靠，（系）黄英雄带，足登青快靴，手执齐眉棍，形如《白水滩》之青面虎。

五虎棍主要看红脸（赵匡胤）、黑脸（郑子明）、花脸（大虎）三个人的表演，内行人说三个人的表演特点是“红脸稳，黑脸哏，花脸毛咤”。五虎棍有单练、双练、群练，其主要套路有“三抽”“三扫”“三捂”“三月子”“二龙头十八棒”等。通常由六至九人表演，每人拿一根长棍，分两派厮打，有五打一、六打二等。

五虎棍的表演还有和武场各自轮番进行的。通常文场14人，分为两组，一组7人，在表演时轮换击鼓奏乐；武场21人，分成3组，轮换上场，其表演套路为72套，420个定式，全套表演需3个小时，散打套路还不在其内。

五虎少林棍的出场人物除使用棍棒外，还可使用刀、枪等十八般兵器。藤牌少林棍是多了八个藤牌手。跟斗棍和表演猴戏一样以翻跟斗为主。

各种花会朝山进香时，进入佛殿，会中所有的人都要向神佛磕头，叫“参驾”，唯独扮演赵匡胤的演员，只作揖不磕头，因为赵匡胤是人间帝王。

这档会叫“少林五虎棍”，因为糅合了少林流派的棍、棒、鞭法。

莫要轻视这档花会，这里面不乏武林高手、民间英雄。所表演的路数，往往是真功夫，而非花架子，所以欣赏这档花会，并不仅仅是欣赏它的舞蹈动作，更重要的是在赏析中国武术的精华。

五虎少林棍安排为第二档，是为了利用武术的群体动作，进一步拨开人群，扩大空间，保证庞大的后续队伍畅通无阻地通过，所以有的地方索性就把自己这档会叫作“五虎打路棍”。

相对于开路打鬼，花会中又把五虎少林棍称之为“打人”。五虎少林棍尊崇的神，是那位神通广大、武艺高强的斗战胜佛——齐天大圣孙悟空。

赵匡胤是在戏曲舞台上，除了关公之外，唯一勾红脸的角色。他以一条棍棒打下了800座军州，建立了大宋朝，是为宋太祖。郑子明姓郑名恩字字子明，原是一个卖油的，后帮助赵匡胤打下天下，成为大宋的开国功臣。他性格凶猛鲁莽，人习惯称他为“鲁郑恩”。“董家五虎”是董家的五个儿子，个个武艺高强，是地方上的一霸。七个人各持一棍，画上脸谱，穿上彩衣，在文场的伴奏下，表演棍术套路。一会儿众人围成一圈，把红脸的赵匡胤困在中间，一会儿又化整为零，一对二、一对三、二对三、二对五，有时打成一团，有时打成两团，人来棍往，令人眼花缭乱，十分好看。尤其是五虎围困赵匡胤时，五虎相互扔棍、接棍，有的还让赵匡胤表演“打出手”，棍棒满天飞舞，每当练到此处时，观众们叫好声不断。

少林棍的演练方式与五虎棍相似，但在开路棍之后，有各种武术器械的演练，因而更加热闹，更加吸引人。计有：刀、枪、剑、棍、春秋刀、双手代、月牙铲、单戟、双戟、方天画戟、斧、双斧、矛、四镜、月牙剑、护手双钩、匕首、拐子、三方杖、牛心拐、三尖两刃刀、七节鞭等。

花棍是从五虎、少林、开路三会中演化出来的，由童子组成，使一种短棒，名为“齐眉棍”，打法和练法也与以上三会相近。

五虎棍、少林棍、开路会都有文场伴奏，走会时文场相随，凡没有文场的称为“走空会”，这是很没有面子的事。文场以打击乐器为主，有鼓、锣、钹、铙、镲、梆子等，有几十套锣鼓经，可以为不同的演练套路伴奏。五虎棍、少林棍和开路会都是“正会”，每年要上妙峰山去参驾，皆以“反背花”为一参，随着文场的节奏参驾，直到都管上香叩首为止。

## 二、京西五虎棍

京西门头沟的琉璃渠村有五虎少林会，据说清乾隆年间，北京为皇宫烧造琉璃制品的琉璃窑从和平门外的琉璃厂迁到了京西永定河畔的琉璃渠村。烧窑的工人来自山西、山东、河北、河南等不同省份，其中有不少人会武术，分别属于迷宗、形意、八卦、太极等不同的宗派。每天工余饭后，他们就聚在一起，拳来脚去，练个不停。各宗各派，各样兵器，互相交流，互相传授。本村的青少年看得眼馋，纷纷拜师，学习武术。以此为基础，五虎少林会这个自发的民间团体就在琉璃渠村诞生了。此后每逢年节，他们便到邻村去献艺表演，各种庙会也都参加，还曾到涿州去赶庙进香走过会，在京西有一定的名气。

清朝末年，琉璃渠村成了武术之乡，人人练武，并且出了一批武术名家，如邓平章、邓汉章、邓云章兄弟。民国初年，天津武术名家刘云甫，原顺天府马快班头孙长杰（又名孙德禄）及其门徒耿德海，武术家王凤鸣、李宗章等人相继来村传艺，从而使该村的民间武术有了进一步的发展。孙长杰与北平国术馆联系，在该村成立了北平国术馆琉璃渠第三分社。北京著名的会友镖局的铁鞋道人杨益春也慕名而来，他因脚穿48斤重的铁鞋行走如飞而在江湖上闯出了名气。该村的荣玉忠在这些名师的指点下，勤学苦练，技有所成，在北平国术馆举行的武术比赛中，夺得了第三名的好成绩。

1920年，会首邓子光、郭万春又从白纸坊请来师傅传授文场，为五虎少林会表演时伴奏，因为加上了鼓镲等乐器，使得演出或走会时更加热闹。

“文化大革命”期间，五虎少林会停止了活动。1984年，在门头沟区体委以及村党支部的支持和帮助下，琉璃渠村五虎少林会重整旗鼓，于6月10日重新恢复。会长郭子隆、李国泉等一批老人，担负起了培养青少年一代接班人的重任。他们不怕严寒酷暑，起早贪黑，教者尽心，学者出力，使新的一代武术小将很快地成长了起来，并获得诸多殊荣：

◎ 走会过程中的五虎棍表演 ◎

获得过1985年区武术比赛三等奖，荣获1982年北京市龙潭湖花会大奖赛龙潭杯。如今武术已经成为了该村村民的主要体育锻炼项目之一，在中小学生中尤甚。

同乐义善蜈蚣岭五虎少林圣会简称为“棍会”，创建于明末清初，是少林会最鼎盛时期。据该会第六代会首讲述，当时是王东山、张少甫、张兴三位老司都管，通过向刘家村有财有势人家集资成立起了五虎棍少林会。王东山都管和京城内八档皇会的会首关系甚好，经常向其探讨学习，回村后经朋友介绍又结识了大兴县南村的民间武术艺人齐德福，遂请其到该会档传授武艺。之后在内八档皇会各会首的支持帮助下，在刘家村成立了同乐义善蜈蚣岭五虎少林圣会。该会所表演的五虎棍是《水浒传》中武松夜走蜈蚣岭与王老道真人争斗的一段故事情节，俗称“双刀群棍”。飞天蜈蚣岭王道人王飞天，另有四个道童打手，戴髯帽，着大领衣。武松由孙二娘将其假扮成行者模样而避官府捉拿。中心场面是武松砍道人，六场六人。双刀群棍出场顺序：首先由四个道童出场，每人手持齐眉棍，披肩散发，头戴月牙金箍，勾小花脸，在场中依次亮相；然后是飞天蜈蚣岭王道人在四个道童的掩护下，与对面出场的武松手持双刀相互厮打。在打斗中王道人败到四个道童的布阵里，武松紧随其后，追赶到四个道童的布阵里，继续进行打拼。最后，武松把王道人以及四位道童全部打败。武打场面十分激烈。

京西蓝靛厂的蝴蝶少林会，是由当地满族、汉族、回族三兄弟民族在团结互助的基础上，自愿组成的民间花会。这种由多民族组成的会档在北京地区尚属少见。

该会原称“五虎少林会”，发起于清乾隆二十九年（1765年）。相传清末光绪年间（约1888年），此会在万寿山呈差表演时，会友们皆穿碎花图案的绣袍，在文场打击乐器的伴奏下献艺，但见场内刀光棍影，彩袍飘旋，远望犹如群蝶翩然，深得慈禧喜爱，赐名“蝴蝶少林会”，并亲封为皇会，会旗也改为黄色龙旗。但该会很快便随着时局的动荡而衰落了。

1950年以后，该会为配合宣传政府的方针政策和活跃农村文化生活做出了积极的贡献，并参加了1959年的国庆大典。“文化大革命”中，该会被当作“四旧”砸烂。直到1979年，该会才又得以复兴。近年来，它多次参加演出，深受群众的喜爱。

光绪年间是六郎庄五虎棍会最为活跃的一段时间，他们曾于光绪癸巳年（1893年）五月，在丰泽园颐年殿承差，之后又在颐和园承差数次。《妙峰山志》中有“海淀六郎庄童子棍会光绪二十二年（1896年）四月初五承差”的记载，记录了当时会中的前引、会首、武场和文场共38名成员的确切姓名。六郎庄五虎棍会的发展与清代宫廷对于民间表演的重视密不可分。《清代内廷演剧始末考》中记载：“康熙五十一年（1712年），在南府、景山学艺处之外，还设了六郎庄的学艺处，共有教习四十八名。”六郎庄学艺处的设立无疑对五虎棍会的发展起到了促进作用，光绪甲午年（1894年），慈禧见此会表演技艺精湛，又命该会老艺人潘吉星（1875—1953年）等七人为御教习，组织宫中太监在升平署学习棍术。

据传在乾隆年间，六郎庄的棍会经沧州武师的精心排练，技艺有了很大提高。在棍术中融合了诸多武术兵器套路，最终形成72套棍法。在光绪年间又增加了马童和车夫两个角色，丰富了演员阵容，增加了表演难度，提高了观赏性，仅用几种木质道具就演绎出刀枪剑戟的招式特征，十人藤牌就是其中比较著名的套路。六郎庄五虎棍在表演时，要求“杆子头”（武场演员）技艺娴熟，配合默契，节奏张弛有度，尤其在群场时，翻、转、腾、挪，棍棒纷飞，令人眼花缭乱，目不暇接。几百年来，五虎棍在六郎庄村建立了深厚的群众基础，深受当地村民喜爱。

六郎庄的五虎棍往往在外出走会之际，还要举行一场特别的仪式。在1948年以前，每年农历四月二十八都要赴丰台药王庙进香。每年走会时，四月二十七清晨启程，二十八日落后回村。出发前，会众需要在本村静安院娘娘殿内上香，并先后在娘娘殿前和真武殿前“祭杆子”。所谓“祭杆子”，就是将武场的兵器，如棍、棒、藤牌等矗立在院中，会首将香点燃后站在大殿前叫香，然后持香在棍棒中穿梭几次，是保佑会众平安之意。随后，大家穿戴整齐，上妆，排开仪仗，出村向南，沿万泉河东岸前行。保香走东路，先到海淀街观音庙打知献艺，然后到万寿寺，夜宿兵家楼，二十八一早由岳家派人带会前往看丹村药王庙。在药王殿前，会首进香后，出一套红龙棍操，出一趟黑龙棍操，然后到庙外撂场献艺。回香时由万泉河西岸回程，路过蓝靛厂西顶庙，除要在广仁宫前表演外，还要到其东侧的立马关帝庙（清末太监养老之处，俗称老公庙）外打尖休息。此时庙内老公公会跪伏出迎，恭请銮驾。棍会还要在此表演。

清朝同治年间，北京有三大镖局，会友镖局为其中之一。因为镖局中的镖师经常奉命为朝廷押送金银珠宝，所以镖师的武功必须过硬。当时规定，要想进入这个镖局，必须会练三皇炮锤拳。作为中华武术优秀的古老拳种之一，三皇炮锤拳始于明代河南嵩山少林寺，名普照僧者得其术，然后精心研究，究其拳理，奠定了三皇炮锤传世之坚实基础。普善同乐五虎少林老会的创始人刘德胜便是会友镖局里的一名镖师，所以在创办此档香会时就把少林的技法作为了表演的主要内容。

左安门外五虎少林老会的创始人为刘立才的曾祖父（姓名不详），其祖父刘德胜于民国四年（1915年）接手该会。虽然创会的初衷是为了取悦宫廷，但是最终没能入皇宫承差，其中的一个主要原因是创始人刘德胜的主要职责是押镖，并没有把精力放在花会上，所以在创建初期，花会的主要活动就是行香走会，参加一些普通的表演。据刘立才回忆，花会最早去妙峰山是在1901年，是因为他的祖母在50岁的时候身染重病，奄奄一息，后来他的伯父和一个师太爷（其祖父的徒弟）去妙峰山烧香拜老娘娘，并请回香灰，让老太太和水服之，结果老太太竟然起死回生，一直活到了90高龄。因此，刘家对妙峰山的老娘娘十分信奉，每年都要去妙峰山朝顶进香，以答谢老娘娘的救命之恩，并且祈福保佑家人来年的安康。

### 附：兴隆庄五虎少林会的传说

清乾隆年间，在海淀蓝靛厂附近建有西顶娘娘庙。在此庙南边不远处，有一座小小的村落，村名叫兴隆庄。村子虽小，却有一档远近闻名的“五虎少林会”，会中的成员个个练就一身好功夫，经常到庙会上去走会表演，深受当地乡民的喜爱。

相传西顶娘娘庙是皇帝的行宫，清乾隆皇帝偶尔也来这里小住，因此对这里很感兴趣。乾隆皇帝听下人说这里有一档香会，称五虎少林会，名气很大，很想亲眼看一看。一天，乾隆下旨让自己身边的十名八旗将官和五虎少林会的小伙子比试比试。大家谁也不敢抗旨，双方只好摆开阵势，一时金鼓齐鸣。开始小伙子们也只是比画比画，不想八旗将官动起真格的了。于是五虎少林会的小伙子兴致大起，个个像小老虎一般，打得训练有素的八旗子弟只有招架之功，毫无还手之力，看得乾隆皇帝连连点头称好。此时站在乾隆身旁一个叫和的随从，凑近乾隆耳边故意耸人听闻地说：“万岁爷！您看，这么一个小小的村庄，练出这套功夫做何用场？臣在进村时就曾留心观察，这里好像有一股帝王之气，将来恐怕有人会在此地起兵篡位。”乾隆皇帝忙问：“这便如何是好？”和珅却不慌不忙地故意讨好乾隆皇帝，故作神秘地说：“万岁休虑，臣方才找了个风水先生，据他讲，有朝一日当这个村子的影子投到了清水河中的时候，真龙就要出现了。如果在村庄东西竖起一座影壁，将会把村庄的影子挡住，让影子永远也照不到河里，岂不就平安无事了嘛！”乾隆听罢，转忧为喜，立即降旨在此处赶造了一座黄影壁。乾隆皇帝还亲自把西顶娘娘庙旁这座小村子兴隆庄改叫“下村”，一则是不叫它兴隆，也不能使用乾隆的“隆”字，二则是把皇上的“上”字倒过来用在这里，叫它永远上不去。自此以后，乾隆皇上就再也没有来过这里，而西顶娘娘庙的庙会上再也看不到兴隆庄五虎少林会来此地献艺表演了。

## 第四节

# 高跷会

### 一、何谓高跷会

秧歌分为两种。一种是地秧歌，北京西郊俗称“地蹦子”，即徒步表演的秧歌；另一种是高跷秧歌，高跷腿子高四五尺。两种秧歌表演形式有相同之处，也各有特色。如角色基本一样，曲调也一致，不同的是高跷秧歌有文武之分。武跷以各种惊险动作为其特点，有“劈叉”“摔叉”“打旋风脚”“翻跟头”“拿大顶”“蝎子爬”“鹞子翻身”等众多名目。表演时强悍骁勇，英武豪爽。可谓“高跷秧歌夸捷足，群儿联臂欲升天”（《燕京岁时杂咏》）。文跷主要表演走场（走字、走图案）、摆山子，以演唱秧歌、唱词、唱段为主。地蹦子秧歌大体近似文跷的程式。

秧歌由春秋时期迎神驱邪的宗教活动演变而来。清中期以后，秧歌会这种表演形式发展定型，但其所包含的一些程式内容则古已有之。如秧歌会中演唱的高腔调秧歌，是以明代江西弋阳腔和安徽青阳腔为基础，在北京地区形成的一个声腔体系，声腔高亢，只用打击乐伴奏。这些艺术形式都被融合在北京西郊的秧歌中。据康熙年间《百戏竹枝词》中的扎高脚诗记载：“农人扮村公村母。以木柱各二，约三尺，缚踏足下，几于长一身有半矣。所唱亦秧歌类。词曰：‘村公村母扮村村，展齿双移四柱均。高脚相看身有半，要知原不是长人。’”从记载分析，康熙年间的高跷秧歌，整个表演程式及角色阵容还是十分简略的，远没有后来发展的那样严整齐备，它只是后来秧歌会的雏形。

### 二、高跷会的主要角色

这种秧歌会表演，在清初时还比较简单，角色也不齐全，其完全定型则是在清中后期。如具有代表性的京西秧歌演出时，一般有12名角色，多为当地传说人物。他们穿上古代的戏装，足蹬高跷，再加上舞姿动作，在庙会上最吸引人。这12名角色分别是：

头陀，身穿黑衣，脖子上悬挂一大串佛珠，双手持一对短木棒。须发蓬松，相貌凶猛可畏，很像小说戏剧中的武松。又据说是蜈蚣精，他是整个秧歌会的总指挥。

◎ 头陀 ◎

樵夫，头戴软斗笠，身披黑绛衣，肩扛扁担，腰插板斧。

卖药先生，头戴红缨子官帽，身穿补子袍，状若清代县官模样。手挥串铃和膏药，有时眉间画一只龟，走场时头一伸一缩状如乌龟，传说是王八精。

渔翁，头戴斗笠，手持鱼竿。身穿金黄色长袍，银白色长髯飘洒垂胸，状若年老德高的长者。

渔婆，肩披璎珞，身穿彩裙裾，头戴花斗笠，挎鱼篮，做美貌少妇状，传说是蛤蚌精。

公子，身罩彩色长衫，头戴公子帽，手持羽扇，肩间常饰仙鹤或蝴蝶图形，此角色俗称“武扇”，表演最为滑稽浪荡，多为人们讽刺的恶少和不务正业的公子哥儿形象，传说是蛤蟆精。

老坐子，身穿大襟外衣，头戴冠箍，面色紫青，状若刁悍妇人，手持羽扇，俗称此角色为“文扇”。表演时多为公子之妻，好吃懒做，是个扯闲话讨人嫌的角色，传说是鲇鱼精。

小二哥，身着花衣，头梳儿童髻，青发垂额，手持缨鞭，臂挎荆筐，少年形象。表演时多扮作公子与老坐子的孩儿，俗称“小头形”。

打锣的二人，身穿彩衣，头戴绒球冠，状如少女，每人手持一面小锣。

◎ 高跷的扮相和表演 ◎

打鼓的二人，身穿黑绛衣，头戴遍插绒花的高筒帽，俗称“马尾透凤巾”，身上斜挎花鼓，两手各持一根鼓槌，上下翻飞击打。

这些角色皆由男子装扮，在街上走场时，以击打花鼓、小锣来调整步伐和队形。上面提到的打锣、敲鼓的四位角色就是伴奏者。鼓点儿有起点儿、老四点儿、老三点儿、串胡同、双秧歌、回香鼓、老八点儿等。

《百本张唱本》中曾记述了高跷精彩、怪诞、诙谐的表演：“大秧歌，蹬高跷，秃头和尚窜奔跑，丑锣（《水浒传》人物母大虫顾大嫂）俊鼓（病关索杨雄）把黄瓜架儿绕，樵夫（拼命三郎石秀）俊，扁担挑，渔翁（立地太岁阮小二）唱曲儿，倚老卖老，俊公子儿生来的彪，老矬儿柑中俏，唯有小二哥最难学，遇见会口把门路跳。”演员的表演一反日常生活中社会角色应有的规范和道德，男不男，女不女，老不老，少不少，所有人都装疯卖傻，癫憨卖呆。

五虎棍之后便是高跷。外人称之为“秧歌”，花会行话称之为“侠客木”，意谓他们脚踩木棍所代表的是寺庙前的一排栏杆。

高跷是花会中最热闹的一档表演队伍，载歌载舞，彩绸飞扬，乐器清亮，十分吸引人。

## 三、北京地区的高跷

北京地区的高跷会，不论是城区还是郊区，扮演的都是梁山好汉，只是城区扮演10个角色，郊区12个。这些角色又分文武两行。秧歌会的行话中，武行最前边的叫“大头形”，扮演的是梁山好汉“行者”武松；第二位叫“武扇”，扮演的是“矮脚虎”王英；第三位叫“樵夫”，扮演的是“拼命三郎”石秀；第四位叫“丑锣”，扮演的是“母大虫”顾大嫂；第五位叫“丑鼓”，扮演的是“鼓上蚤”时迁。文行中第一位叫“小头形”，扮演的是“没羽箭”张清；第二位叫“文扇”，扮演的是“一丈青”扈三娘；第三位叫“渔翁”，扮演的是“立地太岁”阮小二；第四位是“俊锣”，扮演的是“母夜叉”孙二娘；第五位叫“俊鼓”，扮演的是“病关索”杨雄。郊区武行中多一个“膏药”，扮演的是“神医”安道全，文行中多一个叫“渔婆”，不知道原型是谁。东郊高碑店高跷会出场14个角色，又多一个拿蒲包的老头和一个丑扮的老妪。大头形手持两根木棒，粗如鸡卵，长约50厘米。全队表演什么套路，动静行止，其他角色都看大头形手中的两根木棒。小头形右手持鞭，左手拿篮。文、武扇各持一把扇子，文小武大。樵夫左手持扁担，腰里插一根木制斧头。渔翁手拿渔竿，腰里挂一个鱼篓。丑、俊锣各持一面小铜锣。丑俊鼓腰间各挎一面腰鼓，手拿一对鼓槌。不论行进、表演还是歌唱，都用这两锣两鼓敲击伴奏。

秧歌在表演时都是文左武右。行进中表演的动作节奏较慢，动作较小，但当有人摆上茶桌，邀请打开场子表演时，情绪马上就热烈起来，每个演员都要表演自己的高难度动作，队形的变化也就大了，经常变化的队形有双龙出水、凤凰展翅、单夹篱笆、黄瓜架等，个人技艺有铁板桥、苏秦背剑、蹲钟、爬虎、倒立、人字、朝天蹬等。而更高级的动作像踩高跷上五层高的桌子，踩高跷走大绳等绝技却已失传了。

## 四、高跷会的表演形式

高跷会有舞有唱，曲调和什不闲的曲调相似，唱的内容也很丰富，多为民间传说和神话故事，经常演唱的有《七七曲》《十里亭》《老爷曲》《渔樵问答》等。

北京高跷会的高跷腿子分三种，最低的二尺四寸，最高的三尺六寸。制作高跷腿子的木料，立柱以红杉木梢为好，因为红杉木纹理顺直，少疤疖，有韧性，自重轻，不会骤然断裂摔伤人，便于表演。立脚的托子用榆木，牙子用杨木。立柱大都漆成红色，托子和牙子漆成墨绿，有的还雕上花纹。有关文献记载：高跷有跑跷、中跷、高跷之分。高跷脚子高丈余，一丈多的高跷腿子还没见过。东北和山西等地有的高跷会高跷腿子有七八尺高。踩这么高的腿子也只能走走扭扭，很难表演高难动作。

地秧歌的出场角色、表演套路、演唱曲和高跷会一样，像旋子、跟斗等踩高跷很难表演的动作，地秧也可以表演，所以地秧歌看着更火爆、更热闹。

第五节

# 中幡会

## 一、何谓中幡会

幡会，又名大执事。中幡之形式以一大竹竿为主，高可数丈，中嵌一大长布旗式，并缀铜铃，顶有小伞，重约百斤。角色耍弄幡做种种姿势，远望之若冲天之塔。走时如遇牌楼必掷之而过，尤为难能而可贵。

——《北平指南》

◎ 中幡 ◎

佛会中戏。幡如四五丈高，上悬铃铎，健儿数辈舞之，指挥甚如意，佐以金鼓声，观者如堵墙焉。

铃铎声中金鼓撞，佛场弟子健能扛。

彩帆正面凌风稳，一朵云飞如意幢。

——《百戏竹枝词·舞中幡》

幡，当旗帜讲。《史记·司马如》曰："去临洮十余里为人营，多树幡旗，扬言大兵且当进。"在古代，幡多用于军队，其目的在于行进中增威武之势，如《诗经》所说"威仪幡之"。在朝顶进香队伍中，幡的使用同样具有标志性作用，因此常用于行进队伍的前列。与此同时，幡还被赋予神圣的色彩，中幡代表着寺庙中的旗杆，在妙峰山等庙会行香走会时，又代表着神驾的仪仗，因而称之为"大执事"。于是在众多花会的行进队伍中，中幡赫然走在最前面。

◎ 走进表演场地的中幡队伍 ◎

## 二、耍幡的历史

清朝末年，天桥老艺人王小辫从宫中耍执事的哥哥处学得此艺，并将“大执事”改名“中幡”，变成卖艺性质的表演传入民间。之后，王小辫将此技艺传给了宝三。宝三共收过四个徒弟，其中只有付顺禄一人完整继承了宝三的中幡绝技和中国式摔跤，且把这一表演技艺传给了两个儿子付文友和付文刚，才有了如今的宝三真传天桥中幡。

◎ 中幡的精彩表演 ◎

相较100年前仅有的十几个动作，如今的天桥中幡经过付氏父子的改进，已经扩展到了100多个动作，包括虎口拔牙、擎天一柱、金鸡独立、燕子啄泥等。

◎ 中幡的精彩表演 ◎

◎ 中幡的精彩表演 ◎

耍幡的习俗历史悠久，晋代就有“幡舞歌”的记载。明清以前，耍幡多为宫廷舞乐，后来传入民间。清代，中幡已是北京地区民间走会中必不可少的节目。

中幡会供奉真武大帝为祖师爷。真武大帝曾在武当山修炼了42年，白日飞升。玉帝封他为玄天上帝，并做玉皇大帝的掌旗官，所以中幡会供奉其为祖师爷。

中幡会在《百戏竹枝词·舞中幡》中被称为“佛会中戏”，极有特色：在一根几米长的大竹竿上，拴上用布或丝绸制作的幡，幡上绣或画着各种神像或文字。最上面挂着三个用布围成的圆桶子，一般叫作“楼子”。另有两面带火焰边的三角旗斜插在上面，旗子上都绣有某会的会名。上面还挂有许多小铃铛，下面有用细竹做成的长方形架子，又叫作“粑子”。在粑子的下边挂有带飘带的幡，上面绣满了各种图案，有关公、八仙、十八罗汉等，一般称为五色神幡。

一部分中幡艺人在天桥等地设摊表演，挣钱养家，已经由“子弟”

转变为“生意”。他们使用的幡尺寸比较小，表演起来灵活得多，花样也多了。中幡的幡竿高一丈三尺，用碗口粗的竹竿制成，顶上有红、绿、黄布做的伞盖，上挑小旗、串铃，下挂绣有文字和图画的幡旗，周边为通天飞火焰，上头还有飘带。在众多民间花会中，中幡是最不好练的，一是中幡的重量大，表演者必须要有很好的体力，二是竿子高（有的幡竿高达三丈），重心难以掌握，技术性很强。一个幡一般要用五个人，中间一个人练，四周四个人保护，以防幡竿倒了砸到观众。练中幡的一般都是30岁左右的壮年汉子，练时不能用手扶，幡竿必须直立在练者身体的某一部位上，不能倾斜，否则会倒。表演者先用双手托起幡竿的底部，用力抛向空中，接住的方式分别有头、肘、腰、下颌、盘肘、断梁、前腰串、后腰串等许多名目。中幡直立，其力甚大，所以不能直立太久，全仗着练者随抛随接，以调整重心。将100多斤重的幡竿抛起，抛得越高，分量越大，其砸力集于重心，不下几百斤，还要用牙、眉心、下巴等部位去接，难度是很大的。如果要想换手，幡竿不准落地，要使用抛接的方法。

不论耍中幡或是摔跤，表演者都是赤膊穿着厚布纳缝的背心（褡裢），腰间系一根绳，脚蹬厚帮薄底“螳螂肚”的靴子，穿着这套服装在比赛时摔死不偿命，卖艺的当然不能这样做，所以人称“摔活跤”。

《百本张唱本》中，对中幡做了生动的描述：“二档中幡逞英雄，四五幅儿褡包在腰中绕，头一手儿先耍了一个怀中抱，举三举，落三落，托塔转云幡，愣往脑袋上掉，两眼不住往上瞧，不亏绳，早就倒。别的故事全好了，唯有押肩最难学，劲儿不许大，劲儿不许小，要一小砸脑勺；劲儿大，一出溜可怎么好？眼睛鼻子全平了。教我练，我可练不了，我不能拿着五官和它玩笑。”

幡铃的响声要很讲究，要发出一种震音，不能乱响，尤其是一扔一接的时候，更要随着身体的动作发声，这不只是为了好听，主要是为了提起观众们的精神。最难练的是经过茶棚之时，这时有人进行“拦会”，即将一条板凳横放在路中，练者要把幡竿接住，其难度可想而知。上百斤重的幡竿在人的手中竟能运动自如，安稳如山，实在是力与技艺的完美结合。中幡走会一般不是一面幡旗，而是多面。例如京西庄户和千军台村的中幡共有19面之多，按风俗是两村合练，场面蔚为壮观。

行香走会的途中，中幡是不练的，将幡旗卸下，由两个人扛着幡竿前行。遇到茶棚、庙宇等处时，要进行叩拜献艺，再迅速挂上幡旗，将中幡装好。众人将幡竿竖起，由表演者接过来，进行表演，这时表演得比较简单，仅练几个动作就行，到了庙上才拿出全部技艺来。

### 三、天桥宝三的中幡

在众人的记忆中，中幡表演的盛况往往还是在天桥看到的精彩表演，即宝三耍中幡。1925年，26岁的宝三拜北京著名艺人王小辫为师，学到了耍中幡的绝技，中幡重几十斤，是用一根三四丈高、碗口粗的大竹竿为主干，竿顶上做一小伞，并缀上铜铃，在竹竿中间绑上一个长方形的木架子，正好构成一个中字形，所以它的名字叫“中幡”。宝三耍的中幡有所改进，其幡顶用竹竿搭一小架，上列三面小旗，下缀三个圆伞，伞下都缀有铜铃，幡面垂直悬挂着一面长条大旗，红边白地绣金图案，上书“宝善林以武会友晃动乾坤”十几个大字。耍动中幡时哗哗作响，气势磅礴，雄威显目。

宝三当年耍中幡时，施展的抛、接、耍、弄等技艺，名目繁多，如“大小盘肘”“左右担山”“左右背花”“金鸡独立”“童子拜佛”“苏秦背剑”等，不胜枚举。据那振刚先生讲：宝三耍中幡最拿手的两招儿，一是“封侯挂印”，就是用一根小拇指托住中幡，做出各种惊险、优美的动作。二是“老虎大撅尾”，就是中幡忽然从头顶上直滑到脊骨之处，向后倾斜很长时间，中幡像动又静、像静又动，惊得观众目瞪口呆，为之捏了一把汗，而宝三却心平气静、泰然自若。

演练时，通常头一手是两手合捧中幡，先来一个“怀中抱月”；然后用双手把中幡扔出去，等它落下来时伸出脚尖把中幡接住，然后用脚把中幡踢起来，来个“浪子踢球式”，中幡正好落到头顶上；然后再从头顶上落到肩膀上，各用一肩膀将中幡举三举、落三落；最后又用肩膀把中幡颠起，用头顶接住中幡，双手下垂，中幡不倒。接着是一个“正背花，反背花”，即猛地把头向上一挺，中幡甩出后，身子向后一仰用胸口接住，然后胸口一挺劲儿，立刻用背接住中幡，这中间有两个“鹞子翻身”动作，然后左右肘成弯形，用肘尖来接中幡，这又是一个“二郎担山”的动作。宝三一个招数接一个招数，观众目不暇接，每一个动作都获得观众的喝彩。由于竿高幡长，动作繁复高雅，因此演员既有辗转腾挪之功，又有刚柔相济之能。宝三耍中幡，托举盘绕非常灵敏。他的动作惊险而有气势，表演粗犷而又显得轻盈，虽手举百斤中幡，但颇像拨弄着一根小小的竹竿似的那么得心应手，运动自如。

## 四、京西古幡会

门头沟庄户和千军台两村每年正月十五举行的幡会，与中幡有着明显的不同，但相互间又有许多相似的地方，由此构成耍幡的不同流派。

庄户和千军台两村地处京西古道沿途。明永乐年间，其祖先随燕王扫北而来。从那时起，每年正月十四、十五、十六三天，千军台、庄户和板桥村都会举办幡会。清代中期后，仅由庄户、千军台共同举办。“鼓箫追随春社近，良冠简朴古风存”，作为民间村庄的古老祭祀活动，古幡会在当地具有强大的群众基础。每年元宵节，幡会列队，组成迎神的庞大仪仗，祈求新的一年，神灵降福，佑护村民。

千军台村的幡旗有十面：

1. 敕封五湖四海行雨龙王（简称龙王幡）
2. 敕封三元三品三官大帝（简称三官幡）
3. 敕封天仙圣母碧霞洪德元君（简称天仙幡）
4. 南元幽冥教主地藏菩萨（简称地藏幡）
5. 敕封送生圣母长安元君（简称送生幡）
6. 敕封三清道德妙化太上老君（简称老君幡）
7. 吴天金阙至尊玉皇上帝（简称玉皇幡）

8. 真武旗

9. 关帝旗

10. 千军台村朝顶进香会（简称地名幡）

庄户村的幡旗有九面：

1. 灵官旗

2. 庄户村朝顶进香会（简称地名幡）

3. 山川地库煤窑之神（简称窑神幡）

4. 敕封青山水草马王元帅（简称马王幡）

5. 敕封山川土地财神之神（简称三圣幡）

6. 敕封东岳天齐仁圣大帝（简称东岳幡）

7. 南无南海观音菩萨（简称观音幡）

8. 北极玄天真武上帝（简称真武幡）

9. 敕封金光聚阙太阳星君（简称太阳幡）

幡简称“子幡”，又称“大执事”，幡面高5.5米，宽不出1米，有红、蓝、绿、紫、粉、墨六种颜色，幡顶有五色圆伞，直径依次加大，伞下为本框架，称“云盘”，盘上两侧各出三角彩旗一面，云盘下两侧各系一五谷袋。幡背面的蓝布为衬，木条支撑，并于幡顶系一麻绳牵引方向。三面旗宽3米多，高2.7米，神像为堆绣，用横式长枪悬挂，铁环，竹筒相系。

旗幡，无不色彩凝重，庄严肃穆，十分沉稳、古朴。其排列顺序为：

1. 铜锣两边开道

2. 铜锤铁锏武士二员（板桥村办之，已缺）

3. 标帜旗（上书“赤胆忠良灵官元帅，德驾火轮飞走乾坤”）

4. 灵官旗

5. 五虎少林会（板桥村办之，已缺）

6. 小车会

7. 庄户村地名幡

8. 千军台村地名幡

9. 窑神幡

10. 千军台村大秧歌舞（扭秧歌队列）

11. 跑驴

12. 马王幡

13. 龙王幡

14. 地秧歌（秧歌会）

15. 三圣幡

16. 太阳幡

17. 狮子会

18. 中心旗（关帝）

19. 吉祥会

20. 三官幡

21. 号佛会（已临近失传）

22. 娘娘驾（已缺）

23. 天仙圣母幡

24. 东岳大帝幡

25. 吹春天音乐班

26. 送生娘娘幡

27. 地藏菩萨幡

28. 打击音乐班

29. 观音菩萨幡

30. 太上老君幡

31. 玉皇大帝幡

32. 大鼓会

33. 真武上帝幡

34. 蓝旗两面

35. 真武旗

每逢元宵节，下午四五点钟开始走会，在庙前起会，在庙前结束。如千军台村，从村东五道庙开始，一直走至村西杨家茶棚庙止。两村互相来往，主村迎客村，见面时互致问候，在鞭炮齐鸣声中，幡旗高擎，依序前行，形成鼓乐齐鸣、载歌载舞的欢腾场面。活动一直持续至午夜。

## 第六节

# 狮子会

## 一、何谓狮子会

狮子会表演舞狮子的技艺，在象征意义上狮子代表庙门前守门的一对狮子。狮子必须是青、黄两色配为一对，叫作“青毛狮子黄毛吼”。狮子会的祖师是文殊菩萨和普贤菩萨，人们公认在武会中狮子会最大。相传青毛狮子是文殊菩萨的坐骑，黄毛吼是普贤菩萨的坐骑。狮子会分太狮会和少狮会两种，太狮即青、黄两大狮子表演，每头狮子需两名演员装扮，一举头，另一演员扮尾，两演员需要很好地配合方可演出成功。少狮会除两头大狮子外，还有小狮子数头，一头小狮子由一个演员装扮。《妙峰山志》记载说：

应用人位为前引八名，钱粮把儿十五名。二人抬大会笼子二抬，插会旗两面，旗顶上拴铜铃一串。圆笼涂黄色漆，绘蓝色行龙二条。此笼为装狮子头之用。尚有小形（型）会笼两挑，为装钱粮之用。教习二名，练把儿二十四名，共人用五十名。

按，狮子会有太狮、少狮之分，有雌雄二狮。不代（带）少狮的，雄狮色黄，雌狮色蓝。两狮子头由盔头作承做，双耳用夹厚布做成，用带皮长羊毛，染色缝之。用活嘴岔儿，带夹布前胸，项下带五个碗大铜铃。狮子全身亦用双层布承做，亦缝染色长羊毛，每狮头各重八十斤。练把儿穿上狮子腿联（连）脚裤，以雄黄雌蓝分之，练手非青年力大之人不能练。每狮由二人练之，前人为拿头，后人为拿尾儿（尾读椅），前后一气练成，俗称“耍大巴儿狗”。据云：“狮子怕过桥，幡后过栅栏。”过茶棚参驾名曰“拿参”，上香时摇举头，一次为一参，须拿三参，然后按式练之。前引用布撢子为指挥，改变架式，如走圈儿打滚儿、碎（蹲）坐啮痒，后腿弹痒，二狮同斗等等，亦甚可观。练完，前引告辞，代（带）会出棚，摘去狮头，用身卷之，收入大笼子内，颠屏振铃走会。

## 二、狮子会的演出

中国狮舞历史也很悠久，至迟在三国时已出现。北魏洛阳佛像出行时，有“狮子”在前头引路。唐代有《五方狮子舞》。唐朝诗人白居易有诗描写当时的狮舞说：“假面胡人假狮子，刻木为头丝作尾。金镀眼睛银帖齿，奋迅毛衣摆双耳……”与今天的狮舞很相像。明清时代的狮舞因流行地区不同，表演形式和风格也有差异。常见的是由两人扮成一头大狮子，叫“太狮”；或者由一人扮成一头小狮子，叫“少狮”。另有一人扮武士持彩球逗狮、引狮。

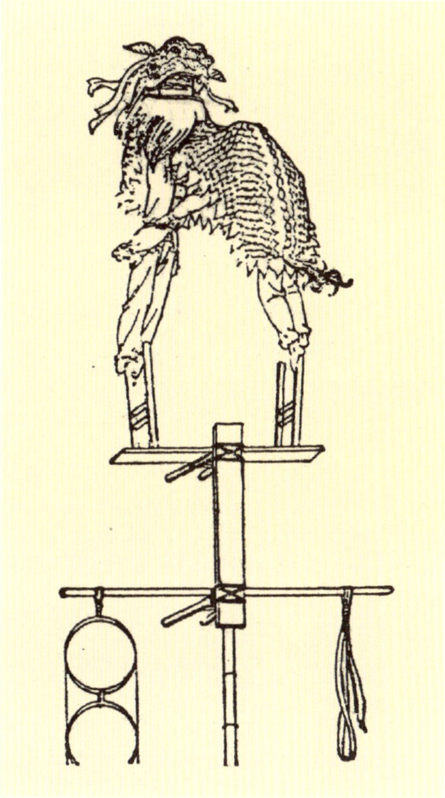

◎ 狮子表演的高台动作 ◎

狮舞表演一般分文狮与武狮两类。文狮主要刻画狮子的温驯神态，有搔痒、舔毛、打滚、抖毛等动作，风格细腻活泼。有的还表现出一些诙谐风趣的情节，如大头和尚戏狮等。武狮表现狮子的威猛，有跳跃、跌扑、登高、腾转、踩球等动作，风格粗犷。表演者需要有很好的武术、杂技的功底，来表演技艺性很强的动作。

除了常见的狮子，还有一人双手持一头小狮子舞弄的手摇狮、用提线操作的线狮、口吐火焰的火狮、用长板凳扎成的板凳狮、藏族同胞玩耍的雪狮等。

和龙舞、狮舞意趣近似，民间还有许多模拟动物的舞蹈，如麒麟舞、貔貅舞、熊舞、虎舞、猴舞、象舞、牛舞、马舞、鹿舞、驴舞、凤舞、金鸡舞、仙鹤舞、孔雀舞、鹰舞、八哥舞、鱼舞、鳌舞、蟹舞、螺舞、龟舞、蚌舞、蝶舞等。不论何种舞蹈，都表现出吉祥如意的美好愿望。

白居易有一首诗中写道“西凉伎，假面胡人假狮子”，就是说西凉伎的舞蹈之中有舞狮子的内容，千万不要小看这些记载，这是舞狮子的渊源。

武威，是“古来征战几人回”的古凉州，是唐明皇神游的西凉府。于是眼前的夜景别有一番风味，似乎看到红烛灯影之下女巫与西凉伎旋舞于街头，军号与马嘶响彻城楼的诗化景象。说到西凉伎，其实很值得大说特说一番。它是盛行于唐代凉州的一种民间技艺，粗犷、豪放、通俗、活泼。西凉伎在盛唐时广为流传，长安的街头巷尾常有民间艺人演出西凉伎。

明崇祯时有个叫顾景星的文人，曾在湖北蕲州地方志中发现过关于地方社戏的一段史料，其中主要谈到西凉伎的情况。大意是说：湖北蕲州地方社戏中，有类似西凉伎者，其演出从角色、唱词、装饰到表演和西凉伎如出一辙。从唐到明末历时1000年，西凉伎仍能流传民间，可见其影响之深远。

西凉伎的舞狮子被各地接受并传承发展下去，成为华夏民族一个具有民族代表性的舞蹈形式。西方人在认识中国人的艺术时，第一个就是从狮子舞开始的，单就这一点，武威对于中华文化的贡献就值得后人赞美。

中国虽然不产狮子，但自古以来，人们对狮子的形象并不陌生。加之“狮子”与汉语“赐子”音相谐，符合民间当时“多子多福”的美好希冀，因而狮子进入表演行列，也就不足为奇了。

说到北京地区的舞狮这一文艺形式，至少可以追溯到元代。《元史·贺胜传》载：“帝一日猎还，（贺）胜参乘，伶人蒙采毳作狮子舞以迎驾。舆象惊，奔逸不可制，胜投身当象前，后至者断靷纵象，乘舆乃安。”

这一段史实讲，天子打猎归来，艺人们用彩色的兽毛做成狮子的形状奔腾跳窜而舞，来迎接天子，不想这狮舞竟使牵引天子舆辇的大象惊骇而狂奔，幸而被贺胜制住，才避免了一场大事故。

由此可见，那舞蹈用的彩毳狮子一定做得威武雄壮，色彩飞扬，居然能将体态庞大的巨象惊骇得奔逸不可制。

太狮是大狮子。大狮子一般只有两只，由两个人演一只狮子，前面一个人站立，两腿为狮子前腿，头钻入狮头中去，从狮子嘴向外观察，用手操纵狮子头。另一个弯腰，双臂搭在前面人的腰部，充作后身，其双腿做狮子的后腿。二人表演必须默契，配合一致，才能表演好。太狮模仿狮子的动作如前扑、搔首、打滚、蹿跳、俯卧等，此外还有直身立起、上高台、跳板凳等高难动作。

少狮则是小狮子，由一个人演一头狮子，一场表演可上20只小狮子。少狮表演的是小狮子的活泼、顽皮，由于是一个人，因而不存在配合的问题，他们可以做出更多的高难动作，如上高车、爬梯子、翻跟头等。少狮一般由十三四岁的少儿表演，因而才显得活泼可爱。

九狮和五狮都是大狮子带小狮子同场表演，由于是把大狮子和小狮的技艺结合在了一起，因而场面更加热闹。特别是大狮子和小狮子

◎ 狮子会表演 ◎

◎ 狮子会表演 ◎

◎ 狮子会表演 ◎

◎ 狮子会表演 ◎

配合表演，更加出彩。大狮子少了几分威猛，而增添了几分慈爱；小狮子任意在大狮子身上亲昵、撒娇，甚至骑在大狮子身上，十分有趣。

狮子的会口很多，如掌礼司太狮、慧照寺太狮、方砖厂太狮少狮、三转桥太狮、东猪市太狮、白纸坊太狮、蒋养房九狮等，其中白纸坊太狮已成为国家级的非物质文化遗产项目。

## 三、狮子会的起源

耍狮子源于三国，盛行于南北朝。杨炫之的《洛阳伽蓝记》有“辟邪狮子，引导其前”的描写。据说，南北朝宋文帝元嘉二十三年（446年）五月，交州刺史檀和之奉命伐林邑，林邑王范阳使用了象军参战。这支军队的士兵持着长矛骑在又高又大的象背上，因此使仅仅拥有短兵器的宋军，连接触都很困难，吃了大亏。后来，先锋官振武将军宗悫想了个办法，他说，百兽都害怕狮子，大象大概也不会例外。于是让人连夜用布、麻等做出许多假狮子，涂得五颜六色，又特别夸张了嘴巴。每一头“狮子”由两个战士披架着，隐伏草丛中。他还在预定的战场周围，让人挖了不少又深又大的陷阱。敌象军来攻，宗悫放出了假狮子，一头头“雄狮”张开斗大血口，张牙舞爪直奔大象，吓得大象掉头乱窜。宗悫又乘机指挥士兵万弩齐发，受惊的大象顿时没命地四处奔跑，不少跌到陷阱里，人、象并获。从此，舞狮首先在军队中流行起来，后才传到民间。在清代《北京走会图》中的狮子舞，一头大狮子由两人扮演，三头小狮子各由一人扮演，另有两人执拂子，戏逗狮子，这和我们现代的“耍狮子”场面十分相似。新中国成立以后，舞狮子经过加工提高，成为受人们喜爱的民间舞蹈。每逢喜庆佳节，从城市到农村，都有耍狮子的习俗，并形成南北不同的流派。

北方狮舞以河北双狮、安徽青狮等最为著名。北方狮子舞相传来源于北魏塞外胡人的传授。魏太武帝（408—452年）把它改为“北魏瑞狮”。北狮的外形全身由狮被遮盖，耍狮者只露出双脚，下身穿着与狮被同色的裤子和花靴，由两人合作扮一头大狮（或称太狮），一人扮作小狮（或称少狮）；另一人扮武士，手持绣球作为引导，并先开拳踢打，以引诱狮子起舞。舞狮动作有跌扑、翻滚、跳跃、搔痒、抓耳等，还有滚绣球、过跳板、上楼台等技艺动作。舞狮时配以京鼓、京钹、京锣，乐声抑扬顿挫，动作协调合拍，生动活泼，惟妙惟肖。

旧时的北京，有专事耍狮子的民间文艺组织，叫“狮子会”。传说狮子会表演用的狮子是娘娘庙前守门的石狮，也有说是三大士的坐骑（狮、象、吼）中的狮和吼，所以有的太狮会把黄狮子叫“吼”，蓝狮子才叫“狮子”。《京都风俗志》记载北京狮子会的表演是“太、少狮以一人举狮头在前，一个在后为狮尾，上遮阔布，彩色绒线，如狮背皮毛状，二人套彩裤为狮腿，前直上，后伛偻，舞动如生，有滚球戏水等名目”。当时，把只有两只大狮子表演的叫太狮会，带小狮子的叫太狮少狮会。一般的带一对小狮子，而北京蒋养房狮子会却带七只小狮子，会名叫“蒋养房九世同堂太少狮老会”。

## 四、北京的狮子会

北京狮子会耍的狮子，造型是纸浆塑制的头，满身长毛，狮子脖颈上戴着九个大铜铃，抖起来声音响亮、威武，既是表演时的伴奏乐器，也是黄狮和蓝狮头尾相应的联络信号。据说北京的狮子仿照皇宫太和殿前的铜狮，口宽鼻大，双目圆睁，显得异常威猛。太狮由两位演员扮演，表演动作尤为热烈。太狮的表演动作有踢腿、里坌、外坌、搔裆子、打滚、跌落金钱、龙抱柱、戏水、地陀螺等多种；虽有编排好的套路，演员也可根据水平重新编排，临场发挥，可长可短，可难可易。少狮由一位演员扮演，表演动作尤为复杂惊险。行话说“太狮怕过桥，少狮怕过牌楼”。太狮过桥要做戏水的动作，头尾配合不好，就有掉下河里的危险。少狮在走会时遇上牌楼，不能由牌楼下钻过去，要由牌楼上爬过去，难度很大，需要极高的技艺。

北方耍狮子，狮子活泼调皮，和善可亲，聪明伶俐，能通人性，是人格化了的狮子。北方耍狮子很强调表情，能表现狮子搔痒、舔毛、打滚、抖毛等生活形态，也能表现狮子受惊、愤怒、愉快、亲昵、生气等各种表现。比起南方耍狮子，北方的狮子更逼近人的情态，善解人意，受人使唤，独成一大特色。

南方狮子以广东一带最为著名，故又叫“广东狮舞”。广东舞狮的形态和舞法都和北方不同。狮头造型巨大，毛茸茸的憨态可掬，用竹篦做架，十分结实。

民国年间，京城有许多著名的狮子会。其中东便门外二闸和白纸坊的狮子会技艺超群。1949年，新中国成立，举城欢腾，各种花会倾城而动。狮子会最令人瞩目，如醒狮腾跃，振奋民心。随着社会的发展，狮子舞演技日益精进，演员趋于专业化。狮子舞成为最具中国传统色彩的节目之一。

北京地区，民众涌上街头，载歌载舞，献艺酬神的风俗，起源于元代。忽必烈建立元朝后，大力提倡藏传佛教，尊崇帝师，为扩大其影响，举办帝师游皇城的活动。每年二月初八，京师后妃、亲王、百官齐集，奉迎帝师西镇国寺，并调集教坊司所属的全部社直、鼓板、大乐、北乐、清乐等艺人，作为前导，以壮声势。京城百姓，“扶老携幼，轩车接武，耸瞻如林”。帝师高坐于象辇之上，周游皇城一圈，“旌盖幢幢，交罗嶷嶷，铙鼓箫管，嗷嗓淫淫”。

明代，每逢东岳仁圣帝、碧霞元君诞辰祭祀典礼，城郊寺庙均有规模盛大的歌舞酬神活动。据明代文献记载，每年三月二十八日，“东岳仁圣帝诞，倾城趋齐化门，鼓乐旗幢为祝，观者夹路”；四月一日至十八日，“倾城趋马驹桥，幡乐之盛，一如岳庙，碧霞元君诞也”。

清朝康乾盛世，京城庙会日益繁盛。每逢年节庙会，百戏杂技艺人结队前往，献艺敬神，歌舞升平。史书记载：

> 百戏之雅驯者，莫如南十番。其余装演大头和尚，扮稻秧歌，九曲黄花灯，打什不闲，盘杠子、跑竹马，击太平神鼓、车中弦管、木架谐谐……又不可胜计也。（潘荣陛《帝京岁时纪胜》）

清中叶至民国年间，各种民间走会艺术不断发展，多姿多彩，遍及京城内外。

## 第七节

# 双石会

### 一、何谓双石

双石，有点像现在举重用的杠铃，即在木杠的两头各坠一石质重物。不同于杠铃的是，双石是在杠的两头各坠一块石头。这个石头并不一般，在形状上是像扁鼓一样的圆石，讲究的还要在圆石上凿出花纹，人称“五花飞石”。其重量，轻者10公斤，最重的有180公斤，共分7个等级。

双石的正式名称是“双石头会”，用一根大木杠子，两端各安一磨盘石头。表演者为体大力壮之人，仰卧在地上，脚蹬石担，将其抛起，转动，极具力度感。数人可站于表演者腿举的石担子之上，称为“搭人牌楼”，极为惊险。

双石，在花会上，视为庙大门的门枕，土话叫门“石头轱辘”。

在民间武术中，双石是练武的一种器具。练此石的武师们要能够双手离石，使双石在表演者的前胸、后背、双肩、两臂及脖子等五个部位借惯性飞旋出令人目眩的高难度花样来。

北京当年有一位玩双石的高手朱国全，他不但能使双石在脖子上旋转如飞，仅靠左右肩的摆动就能使双石旋转不已，形成“肩花”，更高难的是那手“乌龙绞柱”，他晃动左右臂，使双石沿手臂自上而下，而后再自下而上回到上臂。双石如闪电似的上下飞蹿，使观者眼花缭乱，惊心动魄。

### 二、双石的表演

《都门琐记》记载说：“杂耍有以一木贯两巨石，一人仰卧，竖两足擎之，木两端近石，各二人踏肩立，中复一人，亦以木贯两巨石，举而转之，久乃下，两足所擎近千斤。又有以极大猫头竹一竿，用五色绸扎径丈之蝴蝶，置于竹端，一人举而向上掷之，叉两手于腰际，仰承以面，竹直立额上，端正不动，再掷承之以鼻，再承以齿，及承以腹，则身如桥衡，其掷皆以首，徐于腹上举而下之，或架以径丈木龙，刻其鬣如利刃，人上下凭虚旋绕，稍着鬣则胸腹皆穿。”

双石表演的器械叫砘子，和现代举重的杠铃一样，只是砘子是石

双石表演

◎ 双石表演 ◎

制的，每副砘子的重量是固定的。一个人用双脚蹬起7个等级的7个砘子外加13个人，重量超过2500斤，这种表演叫作“十三龙头”。现在能表演“十三龙头”的人极少，一般蹬三四副砘子、四五个人已经很不简单了。

另一种叫“练活”，用20斤或40斤的小砘子，表演“十字披红”“腰横玉带”“燕子过桥”“前后背花”等套路。

表演时，不论“练活”还是“蹬活”，都不是在平地上，而是在大板凳上。每一档双石会都预备13条大凳，两横两竖地摞起来，最高是7层。一般是用3条板凳摞2层，或用5条板凳摞3层，能在7条板凳上表演者也极少。

双石本是练武的工具。因此，能耍双石者，大多有较强的武艺，再加上勤学苦练，才掌握了上述技艺。

《妙峰山志》一书中，具体记述了虎坊桥排子胡同万寿双石圣会一堂的情形：

会首一名，杨德群，统领会众。前引八名，挑笼子八名，练把儿二十九名，全会众四十六名。曾于光绪二十四年（1898年）四月初七日在颐和园承差。此会非有绝力不能练，尚须有软硬功夫。其双石用两个石轱辘安上柳杠，头号重百余斤，至小亦四十斤。分单人练或数人练，用高桌一张，上去一胖大之人，仰卧高桌上，两脚朝天。两边人将头号双石搭起，放于仰卧人之脚心上，再上四人坐于杠上，再上三人站四人肩上，再上二人站三人肩上，共上九人，名堆山子。仰卧人腿不稍动，真绝力也。双石踏起岂止千斤？此会最难练，为他会所不及。练完告辞，颠屏振铃走会。

第八节

# 石锁会

## 一、何谓石锁

石锁，是用整块石头凿成中国式挂锁模样，形如大门上头的门锁，但体积比实际用的门锁要大许多。当初人们拿它用来锻炼身体，通常是一人举耍，后来逐渐发展成多人表演。其主要的表演动作，是将石锁抛掷于空中，再用身体的各部位，甚至小拇指，伴以各种姿势接住。显然，武艺的高低，是能否表演石锁的关键。

石锁又叫掷子，是把一块扁长方形石块靠一侧凿成一长方形，透出的上端修成圆柱形，作为手柄，这正是挂锁的具体模样。因此，掷子就是排在大门上的双石后面的门锁。表演套路有“片马”“掏裆”“背剑”“倒把”“盘肘”“顶花”“脖花”“手花”“肩花”“胸花”“腰花”“背花”“捞月”等。

掷子会表演的是舞弄掷子的技艺，其祖师是鲁班。石锁重量大小不等，重的能达100多斤，轻的也有20斤。演员表演时可将石锁周身转动，上下翻飞，还可两人对掷，这既需要技术，也需要力气。《妙峰山志》“工部街永庆石锁圣会”讲：

其人位有会首四名，为陶俊、侯永升、范德禄、余文海四人统领之。前引六名司打知即代（带）会一切事务，以范永才为首，五人协理之。练把儿二十四名，以张金魁为首。钱粮把儿八名，以苗长寿为首。共四十二名，大车数辆在外。由大把儿管理之会笼子，二挑黄旗，黄幌旗上四个白光中写“石锁圣会”，白漂带上写本会创立年限，行话所谓“会万儿”。四旗竿油红色，上顶为小塔，亦油红色，名口“佛头”，上拴十字铃两串。每挑旗竿上挂着布掸子一把，洗脸铜盆一个，在笼上摆着。挑笼子人须摇跳走法，名曰颠屏，为是铜串铃发音之故。石锁之重量亦分数等，第一等重一百二十斤，二等重一百斤，三等重八十斤，四等重六十斤，五等重四十斤，六等重二十斤。第六等称为“花砖儿”，会中人称石锁为砖儿。遇茶棚拿三参后，先练花砖儿，各人轮流练之。练把儿皆赤背，头顶缚白布小绵垫儿。各人单独练法，有左右“盘肘”“腰串儿”“反背花儿”。石锁掷起，周身乱转，上下翻飞，有时由空中落于顶上束（竖）立，绝无落地之患。其后练者更奇，彩声振耳。练把儿有张金魁，其力如牛，练时跨马式儿，有人将一等石锁立其顶上，往上加到五等重石锁，已成塔形矣。两背复跨二人，该二人亦各执花砖二。其顶已重三百八十斤。复跨二人四石锁，其重量可想而知也。此招数名“二仙朝塔”，真不愧为大力士矣。

石锁有两种，石景山区古城石锁会所用的石锁是木制的，个大但分量轻；门头沟龙泉务石锁会所用的石锁是石制的，个头小，但重量大。

## 二、石锁的套路

石锁本是练武之人锻炼臂力的一种器具，原来城里的武馆和郊区农村，许多地方都有练石锁的。但依此而组成花会的却不多，据说只有石景山的古城和门头沟的龙泉务这两档。石锁作为人们平时锻炼身体的一种器具，简单、灵活、易学，不受人数和时间的限制，在庭院、场院、地头、街头，随时随地都可以练。一年之中，无论是农闲时节还是茶余饭后，都可以练。以龙泉务村为例，过去每天收工之后，或在田间地头休息之时，三五个年轻人凑在一起，一个大石锁，你练几下，我练几下，上岁数之人在旁边指点着，年幼的少年也禁不住要上去试两下，其乐融融。练石锁也有许多套路，是必须要掌握的技艺。每当走会之前，大家要集中起来，练上几个晚上，主要是队形和相互之间的配合训练。

石锁的表演有“腰串”“盘肘”“三侧托塔”“里片马”“外片马”“杠子”“大顶”“拳上”“腕上”“反腕倒手”“拳上翻”“肘上翻”等30多个套路。简单介绍几个：

腕上：也叫上腕，是练石锁的基本功，主要锻炼臂力和腕力。右手持石锁，向上抛过头顶再接住，然后抛起二三尺高，伸出手臂，用腕部将石锁接住，使石锁立于腕上。

腕上翻：石锁立于腕上，用腕轻轻将石锁掂起，使石锁翻转之后，再用腕接住。

里片马：右手持石锁，左腿抬起，由裆内从左腿下往上扔出石锁，再接住。

腰串：把石锁由身左边扔出，腰稍弯，石锁由腰后从左边转到右边，右手反腕把石锁接住。这个动作主要看腰臂的灵活度和手疾眼快劲儿。

大顶：用布包上棉花缝成一个布圈，放在头顶，起保护作用。将石锁扔过头顶，再用手接住，连续做几遍之后，突然改用头接住，难度非常大。

把石锁抛过头顶的高度，根据多人的臂力和熟练程度的不同，一般都要超过头顶一丈多高，落下来时再用手将其接住，继续做各种动作。石锁表演虽有30多套动作，但没有固定的先后顺序，每个表演者都有自己擅长的套路。练习时间长的人，表演难度大一些的动作；反之，则表演比较简单的套路，套路也少一些。有的人则是根据个人的情况和爱好，偏重几种套路，还有的人则着重练自己的绝招。

石锁表演很不容易练，没有几年的工夫，不但不能运用自如，还经常会出现砸脚碰腿的现象。为了求得平安，而把石锁改称为“太平石锁”，但主要还是要加强日常的练习，没有个三五年的工夫是不准上场表演的。

### 三、石锁的表演

石锁属于场地表演，可以四把石锁一起练，或一把石锁由几个人轮流练。表演石锁时用打击乐器伴奏，主要有板鼓、堂鼓、铙、钹、镲等。一是为石锁表演增加热闹气氛，二是为了招揽观众，三是为表演者打节拍。

民间行香走会，在参加的会档比较多的情况下，要有个先后次序。

一般开路会或中幡会在最前面，但有石锁会参加时，则必须把石锁会放在最前面。因为石锁不开，任何会档都不能行动。另有一说，之所以把石锁会放在第一位，是因为石锁象征着山门上的大锁，石锁不开，庙会也无法办。

◎ 石锁表演 ◎

## 第九节

# 杠子会

### 一、何谓杠子

杠子，俗称“盘杠”，其表演方式近似于单杠。只是杠子为木制，且固定在马车上，以利于进行中和停下来后都能表演。好在拉车的马都经过训练，停下来后只用砖石给车轮打上眼就行了。

杠子是在大车上表演，车上设有木架，架上横支一根木杠，表演者在杠上翻腾、盘旋、舞跳，充分展示身体的灵活性和强壮的肌体。它源于北京民间，既是一种民间花会的技艺表演，又是民间一种体育锻炼的方式。把木架置于大车上，一是以大车作为运输工具，因为行香走会的路程一般都很长，硕大的木架搬运十分不便；二是为了把木架放于高处，更有利于群众观看。

### 二、杠子的表演

由于杠子被固定在马车上，所以经常表演的只有“捷肘”“骗腿”“凤凰展翅”“倒挂紫金冠”等幅度小的技艺动作。此外，也有一些像在杠子上拿大顶等，技巧性较高。还有一种叫“八字顶”，就是在杠子上倒立后，把两个食指支起来，竖在杠子上，用两根手指支撑全身的重量。“金钩顶”更玄，是用两根食指倒立在杠子上支撑全身的力量，有点像海灯练过的“二指禅”。

杠子会的演员不但技艺高超，而且手脚灵活，花样翻新，各有一手。像光绪年间，北京有名的盘杠神手“田瘸子”，绕杠动作如风驰电掣，能以单臂、双臂做出种种令人眼花缭乱的动作，还能双手离杠，仅以上肢的力量夹住杠子，再前后飞速旋转。他虽然腿有残疾，但技艺精湛，所练动作各有名目，如“单手”“大顶”“噎脖子”“左右顺风旗”“燕子翻身”“哪吒探海”等，变幻多端，堪称一绝。但这一成

◎ 杠子表演 ◎

绩的取得非常不易。因为杠子最容易出事故伤人，所以耍杠又叫“棍耍人”，常言道：“人耍棍好耍，棍耍人难耍。”杠子表演，包含了艺人们多少汗水和心血。

## 三、杠子会的规矩

杠子会有一个规矩，走会时无论有多少档杠子会，大家只能在资格最老的会的那副杠子上演练、比武，行话叫“天下一根梁”。《妙峰山志》记述道：

按，杠子圣会，京内只有两堂：一为前门外冰窖厂“一统同善杠子”；一为地安门外草厂“同心永乐杠子”。外郊只有香山“万寿无疆杠子”一堂。

其会人位用前引四名，会首二名，教习十名，练把儿三十四名，司事人二名，钱粮把儿十二名，大车把十八名，共人位八十二名。

笼望四挑儿，黄旗黄幌，两名前引执旗带档子。此会无文场家伙，不打参。平地茶棚，在大车上缚着人字架子，安上横杠，车尾上放着半袋白土子练把儿，皆赤背青绸裤子。练时，以单人盘杠子，未练时，先将两手放于白土子口袋内，搓一搓去汗，免滑。然后跳上车，蹿上杠子，拿大顶，翻跟头等等招数，如大武戏爬栏杆。亦是练完告辞，颠屏报铃走会。

## 第十节

# 坛子会

花坛，顾名思义，表演的道具是瓷坛或瓷缸。表演形式有些像耍石锁，以瓷坛在身体各部位做种种飞舞式样，单摆浮搁，极为巧妙。有的“练儿”还能将坛子用脚蹬向空中，然后再用头或肩接住，端然不坠。

花坛又称“小执事”，花坛会表演的是舞弄花坛的技艺，花坛代表庙里供桌上盛放圣水的坛子，其祖师是观世音菩萨。相传观世音菩萨随身带有宝瓶，瓶里盛着解救众生的圣水。也有人说，花坛会的表演道具是各种图案美妙的盛酒的口小肚大的坛，或为口大肚小的用来养金鱼、荷花的瓷缸。因此，花会赞歌里称它为“花坛盛美酒”。但在将它视为寺庙神佛前的净水瓶时，却不称为“盛美酒”，而谓之“盛清水”。表演用的花坛并非生活中实用的坛子，它是用荆条编成的假花坛，油漆匠用油灰里外刷抹，做成坛子胎，后漆黑色描金花，坛内有四个铜铃。练时由地下抓起掷于空中，落于头顶不动，再由头颠下来，由胸部滚至脚面。用脚尖钩住，复掷至头顶，花样繁多，不一而足。《妙峰山志》上提到了正阳门内达子馆长清万年花坛圣会，对其介绍说：

按，花坛儿俗称“小执事”。该会人位，会首四名，前引四名，德福、谢永顺等充任。教习四名，文兴阿等充任。练把儿二十四名，玉康为首。学习四名，钱粮把儿六名，共四十二名。曾于光绪二十四年（1898年）四月初七日，在颐和园大戏台承差。练时皆赤背，头额上捆着白小绵垫儿。该花坛儿，系用荆条编成假坛，油漆匠用油灰里外作成坛子胎，后漆黑色，描金花儿。坛内有四个铜铃。尚有真正瓷坛二个，青花白地重三四斤。练时，由地上抓起掷于空中，落于头额上，竖立不动。再颠下来，由胸部滚至脚面，用脚尖钩住，复掷至顶上，再颠下来，练左右盘肘腰串儿。再由左手指尖儿托起不动，颠起由手心滚至胸部，至右手指尖儿举起，定住不动。最后，一涿州练把儿，耍一水缸，亦非常可观，招数精通，力大无穷。会规与他会同。遇茶棚练完，前引告辞，代（带）档子颠屏振铃走会。

坛子会的表演方式被杂技中的耍花坛继承了下来，表演者将大花坛抛向空中，用头接住，让花坛在头和颈部移动，做出各种高难动作，但花坛不能掉下来。

而花坛有对练也有单练，其表演套路与现在杂技团的顶花坛是一样的。又光又滑的瓷坛、瓷缸重几十斤，在头上顶来顶去，上下翻转，左右滚动，技术要求是很高的。对顶对练时技术要求就更高了，两人配合要十分默契，既要稳又要准，还得险，不险就没意思了，稍一疏忽瓷坛就会摔个粉碎。

《百戏竹枝词·坛技》描述说：“以瓦坛掷空中，首以承之，端然不堕，或承以肩臂，亦然。京师见之。脱手如丸巧莫当，垂垂瓶体九衡旁。壶公北市应相识，谁是骑龙

◎ 坛子表演 ◎

坛子表演

费长房。”

《百本张钞本》的记述更加风趣：“大坛子，气力儿不小，二三百斤的坛子一个指头挑，扔将起来往脑袋上掉。教我练，我可练不了，呛呛咳嗽是个杂痨。花砖儿花坛儿不好学，扔起来往脚上掉，拿脚一兜一丈多高。教我练，我可练不了，掉在地下两三吊。”

北京当年颇负盛名的耍坛高手人称“坛子王”，他的臂力过人，技艺绝佳，所耍花坛，其上皆有云头儿、飞龙、翔凤等古朴的彩绘，与艺人特制的古典服饰相映成趣。如此沉重而滑溜儿的花坛，在“坛子王”的手里变成了一粒弹丸，或以两肩交替接之，谓之“二郎担山”；或以肋肘交替接之，谓之“左右盘肘”；或拿掌并翻腕接之，谓之“童子拜佛”；坛子忽而下坠，即将触地时又以脚而承接，并左右频频颠倒，谓之“仙人蹴球”。诸多花样循环交替，翻滚花坛，似鳔胶粘在身上，绝无半点失误。

清朝末年，花坛还曾受到皇帝、太后的喜爱，被请到宫中表演。于是，北京的耍坛艺人纷纷结成团体，挂出招牌。“坛子王”早年就是万寿花坛（位于东安门外奶子府）的主要成员。张次溪先生在他的《人民首都的天桥》一书中，对“坛子王”的精彩演出做了生动的记载：

坛子王是光绪年间在天桥以弄坛子称绝技的艺人，身伟露顶，弄坛如气球。献技时，身着短衣，以大坛置于台上，坛厚寸许，形若绍兴酒坛，面颇光润，上绘五彩云及金龙。王先以铁器扣坛口四周，声琅琅然，此恐观客疑其非陶器。继手提而弄之，中铮铮有声，置铜铁等丝于内。始则两手互掷互承，如辘轳转于两臂两扇及背上，继则或作骑马式，而掷坛出胯上，摩背跃过顶，承以额，然有声，坛立于额，不以手扶，屡点其首，则坛盘旋转于额，或正立，或倒立，或竖转，或横转，坛中铜铁丝声与坛额相击撞声，铮铮有声，应弦合节。俄以首努力一点，则坛上击屋梁，听其下坠于地，地为震动，而坛不少损。则又取弄如前，复上出，仍承之以额，而或承坛底之边，如刀下斫其者，而不知痛。两手叉腰，坛鼓附于额，绕场行数十周，且揖且跽，且稽首，且之上及屋，或承以一指，或衔以口，如是者数四往复，则坐而少休，气不喘，色不变。

踢毽子作为一种脚上功夫，有时也与花坛并列，排在一档会中。

## 第十一节

# 吵子会

吵子会是俗称，正名叫献音老会。吵子会分文武两类，演奏用的乐器相同，只是吵子铙、钹数量多，文吵子只演奏没有舞蹈，吵子是边演奏边舞，更加欢快热烈，气势磅礴。

文吵子使用的乐器是一个丹皮、四副铙、四副钹、一个旋子、一个铛铛（小锣）、一副小钹、两个海笛、一面堂鼓。有时演奏时把一只铙和一只钹配在一起用，声音介于二者之间，听起来别有风味。经常演奏的曲牌有《七鼓三》《倒捋袍》《十棒鼓》《入南楼》《旱东山》等。

吵子的演奏乐器比文吵子多两面大鼓，铙、钹数量8副、12副、24副都行。演奏铙钹的演员，边敲击手中的铙钹，边作对钹、窜裆、作揖、参驾以及虎跳、跟斗等动作。吵子表演铙钹的演员，大都是年轻力壮会武术的小伙子，动作幅度大、速度快、声音响，气氛热烈，振奋人心。

◎ 吵子表演 ◎

这些民族乐器经过民间演奏家们的敲击吹奏，可表演出一套又一套的极富特色的民间乐曲来。在花会行进中，它既起到伴奏、渲染气氛的作用，又自成一体，使观众在经历了惊险紧张的武艺表演之后，得到优美的乐曲享受，同时还为后面的文戏起到一个铺垫作用。所以吵子会被称为“吵子音乐响连声”。

1984年8月在“中日民间友好联欢会”上，大兴县吵子的表演，受到日本朋友的赞赏说：“这才是真正的民间艺术。”2001年春节，“华声杯”民间花会大赛中，还出现了众生同乐、合友同乐两档吵子会，并有女演员参加。虽然能演奏的曲目有限，但在技法上有所创新，这也算是事业有传的可喜结果。

吵子象征庙里钟鼓楼上的钟，此会的祖师是铁板郎君。金勋《妙峰山志》记载说：

> 该会多出于东八县与昌平所属各村，亦音乐会之一。惟吹手很少，只用锁唢呐二支、海笛一支、单皮鼓一个，以外尚有铙钹八扇足矣。吹奏起来乱哄哄，无甚可取。会规与他会同。

◎ 吵子表演 ◎

## 第十二节

# 杠箱会

### 一、何谓杠箱会

杠箱是民间花会中一个用人比较多、比较复杂的会档。具体内容是表演“县太爷出巡”。前面是一堂执事，两面开道锣，一对回避牌，数副飞虎旗。执事后面是一位脸勾豆腐块、戴着断了腿用麻绳捆着的老花镜、身穿百衲蓝衫的师爷。再后是二至四对杠箱，杠箱是个高约50厘米，宽约80厘米的长方形箱子，箱子上用木条隔成小长方格，画上戏曲人物。箱的两端各有用细竹片吊着的半圆铁活，箱上插两面会旗，旗间拉上挂有小铃铛的绳子。一根有弹性的扁担横穿杠箱，一个杠箱由两人抬着。抬的人有意识地使杠箱上下跳动，走起来彩旗舒卷，铜铃悦耳，两端铁活砸在下面的大幅钉上，嘎嘎作响。最后是两个人抬着一根长竹竿（也有用木杆），竿上坐着出巡的“县太爷”，俗称“杠官”。这根竹竿叫“独竿桥”。县太爷脸上画豆腐块，头戴桃形软翅纱帽，穿七品补服、薄底靴子。

杠箱官一边走一边向围观的群众做着有趣的自我介绍：“我这官儿本不小，前有衙役三班，后有鸣锣开道。下官贾进忠押解皇杠，朝罢金顶路过此处，即行放告，有冤者前来诉冤。”

此时总会有人出来插科打诨，其假告假审的形象，既惟妙惟肖，又合情合理，会吸引很多人观看、起哄。杠箱会的祖师是狱神。特别表现中国民间文化特点的是，此杠箱官虽以嬉戏的面目出现，但在庙会期间却真有官吏的职权，他可以调解诸花会的纠纷，若是此时真有民众来告状，杠箱官就会喝令书吏：“写押票送大兴宛平两县！”

### 二、《妙峰山志》上关于杠箱的记载

《妙峰山志》关于扛箱的内容记载较详：

按，引善杠箱圣会，北京只此一堂。为正阳门内兵部职役二班人员所办，故有“半私半官”之说，俗称“杠箱官儿”。该会曾于光绪二十二年（1896年）四月初五日，在颐和园德和园大戏台承差。其人位前引四位，钱粮把儿八名，会笼子二挑儿，黄旗黄幌，余皆练手，全会六十四人。复于光绪二十四年（1898年）四月初六日，二次在颐和园承差。

会中之杠箱官儿为主角，抹三花脸儿，戴八字儿髯口儿，圆翅乌纱帽，红袍补服青靴。二衙役用碗来粗细之大竹竿，抬着该官儿，背后一人执着大红影儿伞。猛视该官扮相，似《独木关》之张士贵。尚有书吏一名，亦为重要角次，扮相似《打面缸》之王书吏。再前有衙役三班鸣锣开道，鞭板、锁棍之类。再前即圆形会笼二挑。再看两旁，尚有房形木箱四抬，漆红色如小戏箱，盖尖形如房顶，两山尖各插黄旗一根，二旗顶端拴铜铃一串。箱两旁有弹性软竹板儿，拴黄绒绳系于铁箱方形环上。箱之前后有端有孔，穿入四寸径、长一丈五尺大竹竿，以二人抬之，四抬用八人。第一抬二人，扮褚彪、黄天霸。第二抬二人，扮关泰、朱光祖。第三抬二人，扮季全、何路通。第四抬二人，扮秦尤、濮天球。演时，会场地方需十余丈，宽约四五丈。四抬分两行行走，由东至西往返着走，倒肩、换肩不须手扶，换肩儿有种种花招儿，箱子走起来，环子碰箱上，声音“呱嗒嗒、呱嗒嗒”。二人抬着官儿，亦东西随走，用巧妙招数来回换肩儿。衙役口嚷“喂喔”喝道，锣声盈耳，真有过长官的威严。

该会半官半私。官儿站住时，即行放告，官儿发话云：“我这官儿本不小，前有衙役三班，后有鸣锣开道。下官贾进忠押解皇杠，朝罢金顶，路过此处，即行放告。有冤者前来诉冤。”其会中人假告、假审形象，惟妙惟肖，很合乎情理，演完，开道颠屏振铃走会。

清朝时杠箱会是兵部衙门办的会，《北平的百戏》评论说“杠箱在前清据说是半官半私的东西”，正是指的这一会。一项来自民间的酬神、自娱的表演，居然能够得到官方的认可，在某一特定的时间和地点代行官衙职能，这不但在其他的民间花会形式中绝无仅有，乃至在整个艺术界也是件稀罕事。由此，杠箱不仅是一种表演，而且有惩恶扬善，扶助社会良好风气的重要作用。

# 第十三节
## 天平会

天平又名莲花落或什不闲。天平会在演出时，中间八仙桌上摆一个天平架子，架子上悬挂着两个锣、两副小钹、一面丹皮，这些打击乐用绳牵连着，由一个人操纵。另有一面堂鼓、一副大铙、一副大钹。演员一般为八位，两个男丑，行话叫“画面”的；两个女丑，行话叫“画里”的；四个俊扮女相，两个“旗头”，两个“珠头”，因为这四个人一般不参加演唱，所以也叫“样头”。

天平会演唱的多为广大劳动人民所喜闻乐见的神话传说、戏曲故事等，有长有短，长的可连续演唱几天，短的几分钟即完。经常演出的剧目称为“四大活”，也叫“四子”，即“锯子”，也就是《锯大缸》；“腿子”，也就是《王小赶腿》；“墙子”，也就是《墙头会》；“亭子”，也就是《十里长亭》（崔莺莺送张君瑞上京赶考）。曲牌有《太平年》《五更调》等，唱的时候没有伴奏，只有在唱前唱后和当中间歇时才敲击锣鼓，以增加演出气氛。

近代出版的《都市丛谈》中，对什不闲有过生动的描述：

什不闲者，系用木架上嵌锣鼓，一人居中连带拉，合成种种声音。其架上之钟，应以绳系之于地，以脚踏之使响，言其手脚不什闲儿，俟锣鼓敲毕，即以竹板拍之唱，名为“太平歌词”，并非集多人始能开演，如《四喜》《八怕》《渔樵耕读》等曲，皆为什不闲之正宗。此等曲词，与莲花落并非一事，后因过于简单，始与莲花落合而为一，如《十里长亭饯别》《王小儿赶脚》《赴善会》《老妈上京》，演来皆可听。内分清、浑两门（即子弟与生意之别），如《四姐捡棉花》《小寡妇上坟》《四卖》等曲，子弟向不演唱。子弟中最出名的抓髻赵……其人嗓音清脆，扮相婀娜，拿手玩意儿为《摔镜架》，最为世人欢迎……

由入民国以来，已入淘汰之列，只有女落子一门，反倒大兴其时。

由此可见，天平会表演的是莲花落、什不闲的民间小调，因其会的伴奏乐器有一副锣鼓天平架子，故名“天平会”。此会也因此具有了象征意义，天平象征秤，是用来称献给碧霞元君的贡品的。其会的祖师是周庄王。《妙峰山志》记载：

按，什不闲圣会，北京城内共有六堂，外郊不在此数，又名天平圣会。其人位，会首四名，前引四名，前场八名，后场八名，文场八名，挑笼四名，共用人三十五名。会笼子普通的一挑儿，高形会笼一挑，锣鼓天平架子一座。

该会唱手化妆，按时派扮之，俗称拧楼子。有梳旗头大拉翅儿的，有梳平三套的，有梳搭拉苏的，有梳十八盘儿的。扮丑婆子的梳冲天高髮，抹一脸白粉，三块红。蓝在裤衩，耳垂两个红秦艽（椒），足蹬大红抹子坤鞋。

文场乐器有单皮鼓，铙钹四扇，厚铜钹一对，“咚”字儿锣一面，手锣六个，堂鼓一架，有人背着。唱手若一群美妇女，衣服尤为鲜艳异常，歌声婉转燕语莺啼。演唱时扭扭捏捏，分花拂柳，真是一身软架子，右手打着炸板儿，左手颠着结子，每唱一句锣鼓打一拍。

遇茶棚落屏，前引赴棚打知，茶棚执事出迎，互道“虔诚”，一躬到地。前引说：“敝会人少会小，天平小会，求贵棚老都管代为指引。”执事答云：“恕未远迎，不胜愧赧，贵会前请。”前引云：“承指引。文场、把儿、升点儿吧（即打家伙之意）！”“堂您哪，堂您哪，不咙咚呛”来。会笼子颠屏振铃走向前，各把儿随行。至棚，打三参。进棚，会首上香，打三参，安会。群唱云：“什不闲儿鼓来，什不闲的锣额，什不闲儿的奶奶儿唱秧歌呀！唱的（得）好来你就别说好哇，唱的（得）不好你就别打锣呀！”第二节唱：“金殿当头紫阁重，仙人掌上玉芙蓉，太平子朝元日，五色云车驾六龙呀！”演唱完毕，全会告辞出棚，颠屏振铃走会。

什不闲又写作“十不闲”，是民间说唱莲花落的一种表演形式。一个人唱太平歌词，叫作“莲花落”；两个人以上，打家伙逗唱，称为“什不闲”。什不闲又叫“什不闲莲花落”“拆唱莲花落”。莲花落是民间的一种说唱形式，流行于京、津、冀等地，又称为“莲花乐”，源自唐、五代时期的“散花乐”，最早是僧侣们化缘时所唱的宣传佛教教义的敬世歌曲，宋代时开始流入民间。清乾隆以后，出现了以演唱莲花落为业的职业艺人，同时满洲八旗子弟中也有不少喜欢莲花落的。十不闲是在一个木架上，安装有十种打击乐器，有小鼓、梆子、小镲、小锣、小钹等，由一个人操作，手脚并用，靠拉动木杆、绳索，使乐器发声。后来莲花落与十不闲相结合，既有演唱，又有伴奏，成为新的莲花落，北京人称之为“什不闲”。这个曲艺品种后来也成为民间花会，称为“天平会”，把小锣寓意为替神称钱粮的“天平”。莲花落的演唱内容多为写景抒情或演述民间故事。演出时，先由全体人员敲击各种打击乐器，做舞蹈动作，唱“四喜”“八掌”“架子曲”等曲调，作为序曲，然后演唱莲花落的节目。演出形式有单曲、彩唱两种。单曲是由一个人演唱故事，唱词采用叙述体；彩唱是由两三个人，分饰为旦、丑两种角色，分包赶脚，即一名演员扮作两个以上的角色，演出近似于戏曲，故而又称为“小戏”，重插科打诨，以资笑乐。

◎ 天平表演 ◎

天平表演

莲花落分为两类，一类叫“大口莲子”，是乞丐们演唱的；另一种是“小口落子”，是民间演唱形式。小口落子又分为两门，凡票友子弟形成的组织，称为“清门”；职业艺人的班社则称为“浑门”，而组成花会的大多是“清门”。

莲花落的曲调比较简单，只有上下句。常用的板眼有“慢三眼”“垛板”“散板”等。腔调有“平调”和“悲调”之分，另外有“哭柳”“云里翻”“海底捞月”等特定的曲调，通常在一段唱腔开始时，先有一个“摔子”，也叫“喊唱”。

一般花会的名称都带有地名，如教子胡同少林老会、十八里店秧歌会等，只有什不闲是个例外，是不带地名的，例如仁寿歌词天平。

莲花落于清朝末年发展成为一种曲艺演唱形式，在茶馆演唱，著名的艺人有抓髻赵、奎星垣等人。而喜欢这项艺术的票友八旗子弟们则只能在家里自娱自乐，有时几个人凑起来，玩儿上一段儿。为了满足自己的表演欲望，他们组成了花会，贺会立万儿，参加行香走会，在庙宇和茶棚等处进行表演，一展才华。民国初期时，这种花会的会口数量不少，例如亿寿歌词天平、子弟同乐天平、明月青松天平、排子胡同天平、太平歌词天平、乐善歌词天平等。在进香走会途中，他们演唱的内容多为颂神、劝善等，很少有故事性的内容。一人唱，众人和，打击乐器伴奏起来，显得很有气势，特别是在“颂神”时，有一种庄严感，十分具有感染力。新中国成立以后，天平逐渐退出了去妙峰山朝顶进香的队伍。妙峰山重办庙会后，虽然老牌的花会来得不少，民间的众多花会组织有很多也已经恢复了，但唯独不见天平的影子，实是一大遗憾。另外，在曲艺表演舞台上，也不见什不闲、莲花落的表演。据说，只有少数几名相声演员还会唱几段太平歌词，看起来，这项技艺具有失传的危险。

另据记载，什不闲又名“京落子”，起源于乞丐要钱的小曲。在《清稗类钞》上说：“乞丐截三寸竹为两，以绳贯其两端，指掠之作声，歌而和之，作乞怜及颂祷语，亦有演故事者，名之莲花落。”什不闲已似一种戏剧，加入过会一同表演，实有取悦于神之遗意。它所用陪衬歌词的乐器一名节子，一名闸板。此外，又有金钱莲花落、垛子莲花落等。其剧目有《摔镜架》等剧，由一人独唱而进化到和唱形式。

当年的什不闲节目往往也在茶馆中演出。

“内城无戏园，但设茶社，名曰杂耍馆，唱清音小曲，打八角鼓，什不闲，以为笑乐。南城外小戏园，或暇日无聊，亦有档子赴园。”（《京尘杂录》卷四）

《春明采风志·什不闲》也记载道：“作媚装腔百样贫，连敲竹板扭腰身；开言便是‘莲花落’，落了‘莲花’哪有人。”

什不闲在清末民初兴旺了一段时间之后逐渐衰落，现在早就没有天平会的组织了。现在除几位七八十岁的老人，偶尔聚在一起老腔老调地唱几段外，也很难听到了。

## 第十四节

# 大鼓会

### 一、何谓大鼓会

大鼓又叫“神胆”，大鼓会有8面直径近1米的大鼓，8面小铜锣（会中叫“沉子”），4副花钹。另一种大鼓会带24副花钹，由儿童边敲击边舞蹈，叫花钹大鼓或跨鼓带花钹，大鼓会表演时气势雄浑，响声如雷。十三档会档行进时，它总是殿后。鼓代表庙里鼓楼上的鼓。大鼓会的祖师是雷公。金勋《妙峰山志》：

按，跨鼓俗称“花钹儿”，或称鼓会。京西黑塔村“万年横香长春”鼓会一堂，其人位前引四名：俞文升、项瑞山、侯富、李纯，管理一切会务。教习二名：孔文清、李清。学生三十名，鼓把儿十二名，钱粮把儿五名，挑鼓把儿四名。以上共用人四十名，会笼子二挑儿。大鼓八面，扁形，比喜轿铺样鼓大得多，漆红色描金花儿，挂红缎绣花儿鼓衣子。幼童二十名，穿红缎绣花儿上身儿，绿缎裤，散裤腿儿，周身五色花纹，带玻璃镜儿，头披童子发，顶端左右二髻，足登五彩带穗儿趿鞋，双手执厚铜小钹一对。遇到茶棚，前引执会旗，赴茶棚打知。距一箭远，停屏落地，前引所持知帖，色用黄，应印“拜知”字样。茶棚执事提旗出迎，寒暄后，带至棚前，打三参：一为参纛，二为参辕门，三为参二十八宿。入棚，会首上香，亦打三参。然后练起来，钹鼓齐鸣，幼童跳舞，二人对钹，翻跟斗、排队形、推山子等等招数，亦是五光十色，非常热闹，鼓声达五六里之外。打鼓的谱子，永不改调儿，打一天也无非是“咚咚架咚咚，咚咚架咚咚”。练完告辞出棚，颠屏振铃走会。

## 二、大鼓会的表演

大鼓会是花会的最后一个高潮，以至整个花会已走过去很远，鼓声仍然在耳边响着，故曰“神胆”。打的时候有种种点儿，通常每一档子会用八面大鼓，无数铜钹。大人打鼓，小孩打钹。走会表演时演员都要穿上彩衣，小孩一边打钹，一边举起钹来排成种种祝福的词句，如“天下太平”“国泰民安”等，还有的做各种翻跟斗表演。

跨鼓分为文武两类，文会有10面大鼓，8面小铜锣，4对花钹；武会除了大鼓和小铜锣之外，还有24对花钹，以增加气势。

大鼓的气势大，主要源于鼓本身的体量大。一般的大鼓都有2尺多长，近2尺高，重三四十斤。鼓手在表演时用一根宽布带把鼓挎在脖子上，左手扶鼓，右手用鼓槌击鼓。大鼓的表演套路共有72套，如“开门鼓”“戳槌”“三参”“冷点”“鬼叫门”“喜鹊登梅”“五马上桥”“三虎回山”等。花钹的表演也有很多套路，有“对钹”“窜裆对钹”“花钹手中”“大筐箩”“反串跟斗”“蝎子爬”等。赴会时，跨鼓的鼓点儿还起着统一指挥的作用。各会排好顺序之后，擂一遍鼓为准备；擂二遍鼓转为开始。

大鼓会的8面大鼓，高1.2尺，双面蒙牛皮，直径2.8尺，圆形。花钹为铜制，圆形，鼓帮为木制，中间隆起，正中有孔，孔穿牛皮绳，两只钹各系于两手中指及无名指，两钹相击，发出声响，其直径为5.5寸。大鼓由24名壮年男子，分成3组，轮换表演，花钹由36名10岁以上、15岁以下的儿童，分成3组，轮换表演。表演时，8面大鼓倾斜放在地上，击鼓的8个人每人一鼓，在表演场地围成一个大圆圈。此时12副花钹上场，在圆圈内进行表演。12个人也围成圆圈，动作以翻跟斗和侧翻为主。翻跟斗时一般是两两成对，共分成6对，一人双手着地伏身，另一人在他的身上前滚或后滚翻过去。侧翻时也是两人一组，交错进行侧翻。两人一组并不是固定的，表演完一次后，按逆时针方向相错，再和另一个人结成一组，进行表演。依次转下去，6组组合成6次，各表演一次，一场才算演完。

因为只有一个鼓槌，鼓点儿只能以快、慢、轻、重和变化敲击部位来区别。

钹子有花钹子和站钹子之分，表演者为花钹子，只击节奏而不表演的为站钹子。耍花钹的儿童有时12个人全部进行表演，有时一部分人进行表演。花钹子进行表演时，大鼓围在四周进行伴奏。大鼓的鼓点有40余套，如“震天雷”“震地雷”“慢三锤”“小鬼推磨”“喜鹊登枝”等。花钹的套路也有40多种，如“三钹子”“四钹子”“六钹子”“八钹子”“九钹子”“九毛儿”“拜观音”“拜塔”“走月牙”“拜山

◎ 大鼓会表演 ◎

子”等。大鼓会由会首指挥。会首手持钹子旗，即一种三角形带飞边的小旗。大家按照钹子旗的指示，进行前进、走场、摆阵、表演、停止、整队和演套。打什么套路的鼓点儿和钹点儿，一定要服从指挥，这样才能整齐划一。

大鼓会在走会时还有一个特殊任务，各会到齐之后，排好顺序，跨鼓会擂响第一通鼓，各会就开始化装，穿服装，整理道具。过一段时间跨鼓会的前引到各会巡视一番，都准备好了，就擂二遍鼓，走会就开始了。

民国年间，北京地区的跨鼓会有角堡、中顶、白纸坊等档。20世纪40年代以后几乎绝迹。

以上分类介绍了老北京民间花会在庙会上表演的十三档演出。由于花会的民间性质及长期存在的过程中不断发生变更和演化，因此花会的演出并不限于这十三档。据北京群众艺术馆的调查显示，历史上的花会品种竟有90多种！尽管如此，有些会规以外的会档，数量也很大，且很受群众欢迎。如小车会的数量就曾仅次于高跷会；龙灯会也曾很普遍。下一章就再介绍几档会规以外的会档，它们都是深受群众欢迎的会档。

# 第五章

# 花会的会档（下）

第一节

# 秧歌会

## 一、秧歌与高跷的异同

两个灯笼挂竹梢，车中锣鼓任胡敲。
秧歌到处皆能唱，才是京城大土包。

清代的这首竹枝词，形象地表述了庙会上秧歌嬉戏的热闹景象。同时也说明，其参与者的广泛性和其形式的多样性。同类的竹枝词还有：

秧歌推击惹闲愁，乱簇儿童戏未休。
见说寻常歌舞竞，大头和尚满街游。

这里所记录的，是老北京儿童戴着大头和尚的花脸，争唱秧歌的动人情景。

高跷以武会为主，以表演劈叉、摔叉、打旋风脚、翻跟斗、拿大顶、蝎子爬、鹞子翻身等各种惊险高难度的动作为特色。地秧歌以文会为主，以唱秧歌和摆队形（即堆山、摆字）为特色。

地秧歌是不上跷的纯秧歌会，与高跷秧歌的表演方式、内容、乐曲等基本一致。但民国初年以后，地秧歌逐渐形成一套独特的角色结构。共十余人，除文扇、武扇、渔翁、樵夫外，其余均为“双上”（头陀、小二哥为二人，锣鼓为四人），可以演出“堆山子”“走场”“别篱笆”“适场”“演唱”部分。其舞蹈动作是依据头陀的几套基本动作演变而来的64套路。舞蹈节奏明快，强弱对比鲜明，动作幅度较大，刚劲沉稳，粗犷有力。舞蹈还大量吸收了戏曲表演的技艺，讲究手、眼、身、法、步的综合运用，形成了鲜明的艺术风格。此外，像旋子、跟斗等高跷出场的高难动作，地秧歌也可以表演。表演时，各种角色要相互配合，或刚烈爽直，或刁滑奸诈，或正直沉雄，或扭捏装腔……边演边唱，妙趣横生。

为演唱秧歌伴奏的，多为唢呐、锣鼓等。同时，由歌手唱演民歌、小调。其内容除赞颂神佛外，还涉及农人、渔翁、公子、书生、樵夫、妇女、儿童等世俗阶层的生活。此外，还有贞节烈女、帝王将相、忠良豪杰、市井小民、山川风物的传说故事等。多为劝善弃恶、褒赞忠孝、针砭奸狡，包含着广泛而较积极的意义。

## 二、秧歌的起源

秧歌由春秋时期迎神驱邪的宗教活动演化而来。高跷在《列子·说符》中就有记载。康熙年间的高跷秧歌，整个表演程式及角色阵容还比较简略，人数也不齐备，属于秧歌会的雏形。后来，由于吸收了戏曲的角色、情节乃至演唱形式，而逐渐发展完善，并主要在广大乡村兴盛开来。全体角色形成一个色彩缤纷的演出团体，远远即可见到，充满喜庆气氛，很适合乡间年节的喜庆要求。北京城内及近郊的高庄、唐家坟、高碑店、皮庄、弘寺、赵公口等地的地秧歌，至今已有260多年的历史。

北京西郊的门头沟庄户和千军台两个村庄，每逢正月十五元宵佳节期间，都要在村头街道上举行古幡会，其中就包括表演秧歌会，从十四至十六，热闹三天。正月十四的秧歌会要到村中寺庙报到，上香烛，唱赞神佛曲。正月十六晚上收会时，还要到庙里进香，举行仪式。届时，灯火通明，锣鼓喧天，歌声嘹亮，热闹异常。

## 三、秧歌的表演形式

地秧歌的表演形式主要有两种，一种是技艺表演，一种是说唱表演。

技艺表演有三种形式，均由演员集体配合，通过动作展示出各种优美的造型。

走场：是秧歌会在场地表演时的一种固定程式，在花锣花鼓的伴奏下，全部角色按照特定的锣鼓点儿，根据不同的节奏，进行排列组合，变换出各种不同的队形，以展示其优美的舞姿。锣鼓点有：①起鼓（俗称“三摊儿”）；②老四点儿（进行中击打）；③老三点儿（跑圆场时用）；④串胡同；⑤双秧歌（两闷点，一点起）；⑥回香鼓；⑦老八点。这些锣鼓点儿在不同的表演场合分别运用，并有着不同的严格规定。地秧歌的伴奏与高跷秧歌不同，不是靠角色中所带的锣鼓伴奏，而是另带文场，伴奏乐器有鼓、锣、钹等打击乐器。

堆山：俗称“叠罗汉”，是由秧歌会的全体演员相互配合，搭成的各种造型。下面介绍两种堆山。

①象奴山子：演员们抬着直挺俯卧的头陀和尚，二羔站在或跨在陀头的腰间，手摇红缨鞭子。陀头双手持棒斜置腮边，如同一对象牙，故称“象奴山子”，也称为“麒麟送子”。这种造型一般在表演开始或表演完结束时进行。

②宝塔山子：先用八仙桌子和板凳叠搭成四层台子，由14名演员先围着台子转圈走场，每转一圈上去两个人，最后连同地上的成为五层，由各角色站成造型。第一层（底层）四人，第二层三人，第三层二人，第四层二人，最高的第五层站一人，形成一个尖锥状的人墙，因表演的是白娘子被镇雷峰塔的故事，故称“宝塔山子”。在高跷秧歌的12名角色中，多出了白娘子和小青。卖药先生站在最上层，表示塔顶，白娘子和小青在第四层，表示被压在了塔中，其他人在一二三层。在所有人中，唯有头陀和二羔没有上塔，头陀扮作法海，二羔则跪在塔前，扮作状元许士林。塔形整顿完毕后，头陀击打木棒，锣鼓击打20拍后停住，众人合唱《大合钵》。唱词共有17大段，近百句。由渔翁和白娘子各唱特定的唱段，众人在句尾和段尾的拖腔上进行伴和。声腔跌宕起伏，颇有意味。

此外，还有“太平车山子”“梅花山子”等多种样式，有的表演一个故事，有情节，有唱词，有的则仅是一个好看的吉祥图案。

摆字：这是地秧歌表演的一项绝技，其做法是全体演员在复杂的走场过程中，边舞蹈边行进，并变换队形，利用自身所站的位置形成“定格”，摆出一个又一个的字来，如“天下太平”等。1985年，京西龙泉务村的艺人们还摆出了“大干四化”的字形，堪称一绝。

演唱形式的表演内容十分丰富，除了可表演高跷秧歌中的单唱、对唱、合唱之外，还能表演一些剧情完整的小戏，如《大上寿》《大偷桃》《大五佛》《大哭城》《大游春》《大合钵》等。唱词多达几十段，上百句，一人独唱，众人相和，生动和谐，富于韵律变化。现将包世轩先生所记《大哭城》唱词抄录于下：

孟姜女节烈万古传，千里寻夫离了家园。你看，身背着寒衣把范郎找，秋波杏眼泪不干。走一里来哭一里，太阳回归坠落西山。佳人儿一见天色晚，可就在何处把身安？往前正走抬头看，有一座古庙把路拦。进至古庙抬头看，南海观音在上边，一搂罗裙忙跪倒，尊了一声菩萨在上请听言，保佑保佑多保佑，保我寻夫早日还。保佑寻夫回家转，奴与你塑画金身还把海灯添。

以下还有多段唱词，直到把整个故事唱完。唱腔曲调有《边关调》《叹五更》《太平鸟》等多种曲牌，句尾多有拖腔衬字。

除了演唱故事、传奇、戏曲、小曲之外，秧歌还有许多敬神拜佛的唱词。旧时走会，要遇见什么庙，唱什么词，例如：

头陀唱：“达摩过江手托钵，脚踩莲花快如梭，一直来到寺门上，（群合）你看，见了如来念声佛，（一田一田嘿），见了如来念了一声佛。”

诸如此类，对于如来佛、观世音、弥勒佛、娘娘、关公、药王等都有一段唱词。曲牌主要分为“大五佛”和“小五佛”两种，拖腔转长，充分显现出敬神的虔诚之心。

地秧歌不如高跷秧歌普及，这是因为地秧歌更难演。大段大段的唱词，背起来绝非易事，况且过去的老百姓大多没上过学，文化水平低，歌词全凭祖辈相传，口传心授。此外，走场、堆山、组字均属于集体表演项目，需要相互配合，要经常练习才行，而在经济不发达，各奔吃穿的旧社会，大家是很少有这种闲工夫的。据说组字是地秧歌表演中的一项绝活儿，一般都秘不外传，所以会者不多。

秧歌包括走场串街和秧歌戏两种，后者内容包括《白蛇传》《游春》《哭城》等。曲调由明代江西弋阳腔和安徽青阳腔综合、演变而成，京西秧歌的唱词声腔，有高腔调和靠山调两种。前者盛行于城镇，后者遍布在乡村，伴以打击乐。

在盛行京西秧歌的许多村落里，民间艺人们以各自的亲身经历和所见所闻，创作了许多具有淳朴浓烈的民俗风情的唱段，或赞美家乡的山川河流，或者描述社会风情，歌词内容十分广泛。像光绪元年立会的大峪村万福太平秧歌盛会，经常演唱的《路程歌》，就是描述从永定河岸的石景山，直至京都西山正道的200多里的沿途风光。三家店秧歌会演唱的《观山景》，则是描写清末民初水势滔滔的永定河上架起公路桥、铁路桥的故事。

秧歌会作为一种完善的民间娱乐组织，除了12位角色外，还包括管理和辅助人员。秧歌会统一由会首指挥，由年长有威望的人担任，手持小三角蓝旗一面，两位青少年持两面三角形大旗，为杏红、白、蓝等色，这叫会旗，上绣会名。庙会进香时，两会会旗交叉缓缓进入院内，回香时则可直执。还有一对挑钱粮挑子的挑夫，内放香烛、银钱及化妆品等物。

民国时期，北京地区的许多秧歌会都以定县平民教育会所编的《定县秧歌选》为教材，进行演练。也有人说，定县秧歌仅是北京地秧歌中的一个支派，北京地区的地秧歌古已有之，由民间小戏、小曲发展而来。

往昔，碰上谁家死了人，伴宿送葬之日，往往会有两堂开路少林文场以及一堂秧歌。羊管胡同秧歌本由北新桥、王府井两会归并为德爱堂沈家秧歌，是日不蹬跷，没打脸，平地行走，随行随练。会中分子，皆为以前名手，所以表演异常精彩。尤以武扇——65岁的段老棚匠博得最多叫好声。秧歌各地不同，蹬跷者为“高秧歌”，不蹬跷者为“地秧歌”，在定州一带之秧歌，系地秧歌，角色亦不和高秧歌相同，并唱整本小曲、小戏。定县平民教育促进会编的《定县秧歌选》一书中便有宾白，有科诨，有唱词之秧歌。高秧歌又称京秧歌，各蹬二尺八长木跷，彩衣，勾脸，唱渔、樵、耕、读四季曲词。以前民国时期，九道湾秧歌在新太仓大庙前于家桅厂演习时，练习另有小跷，分一尺八、二尺二两种，由小及大，绑上木跷，扶墙行走，有几天时间，即能撒手空行，并不太难。不过在走会时还有表演姿势，如“正跨”“反跨”“单劈叉”“双劈叉”等许多名目。以前有一次在南海瀛台走会，满地都是石道、石磴，秧歌跷走在上面，单劈叉竟也摔不倒，其技术可知。秧歌角色原共十人，后加两人，又加至14人的，即非原来面目了。十个角色为丑锣、俊锣、柴翁、渔翁、文扇、武扇、丑鼓、俊鼓、头陀、小二哥。后加两个，一个为头戴苇笠、脸贴膏药的名膏药，再一个是渔婆。之后又加两个，并没名目，以形态称其为红蓁椒、蒲包。文扇即“老作子”，在秧歌中很有名，但通常以武扇为“练儿”。许多叫好声，都由武扇动作引来。老作子则以小二哥抓哏，眼前有什么景物，即喊：“妈妈的二哥呀！你瞧……”例如看见游人往东追赶前一会儿，心中气愤，即叫：“妈妈的二哥呀！你瞧西山着了火啦！”因北京歇后语有“西山着火，兔子往东跑去啦”，即景抓哏，所以北京又有“老作子哏——现抓”的歇后语。头陀执两根小木棒，是全会发令人，队伍行进皆听头陀木棒响动。秧歌行动拍节，皆以两锣、两鼓敲声为准，甚至鼓形（即打花鼓之长形中粗两端细之鼓）皆以“秧歌鼓”为名。打出“亮登锵，格亮登锵”的声调。加以极有乡村风味的歌曲、调笑，使人有魂梦水云乡之感，与暴吹、暴打的香会，自不相同。

# 第二节

# 小车会

## 一、何谓小车会

小车会又叫“云车会”或“太平年”，是民间花会中数量较多的会档。历史上全市共有191档，其数量仅次于高跷会。近30年来，恢复活动的已达70多档，其受群众欢迎情况可想而知。

小车会的主要道具是一辆独轮车，车上支一个彩绣的布凉棚，四周饰以花边和璎珞，四角可挂一个绸制大绣球。车盘以下围一布幔，多用土黄色，两边各画一个车轮。对小车的装饰各会争奇斗巧，尽量把小车打扮得华丽漂亮。出场的角色一般有三人、五人、九人、十人乃至十二人之分别。

## 二、小车会的角色

有的小车会是三个角色，即一个推车的老头儿、一个坐车的小姐、一个拉车的丫鬟。有的小车会是五个角色，包括坐车的小媳妇、推车的老汉、拉车的傻柱子、傻公子和一个丑婆子。表演一家人去逛庙，一路上傻公子不断挑逗小媳妇，丑婆子在一旁侍候小媳妇。傻公子憨态可掬，小媳妇表现出羞涩之态，加上丑婆子丑态百出，十分有趣。坐车的小媳妇是最费力气的角色。车架用白松木条做成，已经尽量使其分量轻了，但还有20斤重。用布带将车架吊在坐车人肩上，垂至胯部。上面四根立柱支起一个车棚，用绸布做成车面板，下面是四块绸布下垂至地，左右两侧画有车轮。坐车人涂脂抹粉，浓妆艳抹，上身穿一件红袄，以挡住吊在身上的布带，下身则有车面板遮住，两条腿在下面行走，以代表车轮。在腰间另系一条裤子在前面，用棉花充起，做成两条假腿，盘在身前的车面板上，两只三寸金莲是木头做的，绣花鞋、白袜子配绿裤子。表面上看来是小媳妇坐在车上，十分悠闲，实际表演者身上挂着20

多斤的重量，两腿在下边走着舞步，是很费体力的，因而这个角色大多由青年男子扮演。

有的小车会有九个人表演，除了推车老者、坐车小姐，另外还有拉车、扶车的丫鬟三个，一个丑扮公子，一个丑扮老妪，一个瘸脚和尚，一个丑扮盲人。小车行进时，丑公子要调戏坐车小姐，其他几人要保护小姐，与丑公子戏斗，穿插很多有趣的动作，引观众大笑。有一种“过桥”动作最难表演。桥是用两张方桌并在一起，一头放一把椅子，演员要依次从椅子桌上通过并保持推车、坐车、护车的动作。

有的小车会的角色达十个，甚至十二个，其主要角色有：坐车的媳妇（浓施粉黛，花枝招展），拉车的姑娘（留辫子、身穿彩衣彩裤），扶车的丫鬟（为二人，佃子打扮），推车的老汉（戴胡子），文扇（俊扮公子，手持纸扇），武扇（丑扮公子，手持纸扇），丑老妪（即丑婆子，手持大烟袋），盲人（戴黑边眼镜，手拿马杆），和尚（身穿破僧衣，头顶济公帽，脖挂长念珠，手持破扇），傻柱子（头梳冲天槌小辫），傻丫头（头梳刷子辫）。

小车会的表演技术，主要是要把假车的动作表演得不但像真车，而要比真车还美。表演小车走平路、走弯路、走坎坷不平的路、走泥泞路、上坡、下坡、快行、慢走等不同的姿态身段。推车、坐车、拉车、快车要配合默契，协调一致。

一档小车会配合一档文场，用打击乐伴奏。小车会表演时一般以锣、鼓、唢呐等乐器伴奏，表演的动作比较接近生活，场面热烈。在整个表演过程中，小车的表演最为重要，但其他角色也要配合小车的表演。如丑婆要表演耍烟袋、转手帕、卧鱼叼花。盲人要表演丢马杆、摔跤、过河。和尚要表演转念珠、翻扑等武生动作。有的角色不时去戏逗车中的妇人，有的角色则表演阻挡

◎ 小车会表演 ◎

保护，采用了一连串的戏剧表演动作。

有时小车会也和旱船、跑驴一同表演，有时还要唱上几段小曲。其实小车会的表演是有故事内容的，如瞎子逛灯、老妈上京、捉拿费德功等。据传拉车的是贺人杰，推车的是老楚彪，坐车的是张桂兰，公子就是黄天霸。另传早年间小车会还表现了黄帝大战蚩尤的故事，如今这些情节，已很少见到了。

◎ 小车会表演 ◎

◎ 小车会表演 ◎

## 第三节

# 旱船会

## 一、何谓旱船

“跑旱船者，乃村童扮成女子，手驾布船，口唱俚歌，意在学游湖而采莲者。”（富察敦崇《燕京岁时记》）所以，跑旱船也可叫作“采莲船”和“花船”。

旱船又称“跑旱船”，古代称“划旱船”。在16档会中，旱船是为庙宇神佛从水路运送钱粮的。自古传说水都属龙王所管，因此旱船会供奉龙王爷为祖师爷。旱船会所表演的故事，主要是白蛇传中水漫金山寺的情节。其主要人物有白娘子、小青、许仙、法海等人物。

旱船最早是唐代出现的，唐郑处诲撰写的《明皇杂录》载：“上每赐宴，太常陈乐，教坊大阵山军旱船等伎。”据说，北京的跑旱船，最早是从修大运河民工所唱的歌儿发展过来的，早年跑旱船有这样一段歌：“东北风，开了船，撤跳板，船开好似离弦箭。张家湾上船开了，河西坞里不站船，蔡村、杨林把腰展……”词中所有地名，多是以前大运河漕运的码头。由此推知，北京的跑旱船恐怕与运河有关。北京跑旱船的历史，从所看到的史料得知，最早见于清代初期的诗文：“罔水行舟古所难，居然一叶下银滩。天边陆海吾何惧，稳生鳌鱼背上看。”到了光绪年间，对旱船才有了较为详细的文字记述，所以说旱船会是清代北京才有的。

旱船是由竹木扎成的一只船形架子，外罩绿布。一人在船内，扮成旦角，腰间有两个钩子，将布船钩起，一边唱歌，一边舞蹈。一人做艄公，扮丑角，勾白鼻梁，戴髯口，在旁摇橹，做水上漂荡之状，让人看了有如真在水中行船之感。有的旱船还要在船的顶部设船篷，绘以戏曲故事或花草，船身也会彩绘莲花等图案。乘船者似盘脚坐在船上，双脚均为画在船上的假腿（或制作的假腿）。演员的真腿站在地上行走，腰部用布袋与船身相连成为一体。伴奏一般是一人击钹，一人击鼓。一般船的四角都有一盏莲花灯，晚上表演时可以点燃，走起来如流星飞电，非常美丽。

旱船在民间花会中，有时也和小车会一起走会。所谓旱船即陆地行舟。

## 二、旱船的表演

艺人肩荷竹扎的彩船，有两个小孩敲打着锣鼓，其节奏为“咚隆咚，一咚咚，擦，擦，擦，擦”。此等表演者多系河间、宁津县人，每逢大秋之后，必要来京卖艺挣钱。早年尚有包头者，以便引人注目，后经警察干涉，始将包头取消，仅以素身游街，有叫者再扮。所演词曲均系乡下所兴，如《小拜年》《姑娘标》《绣门帘》等，演时连扭带唱，只不过用来哄小孩而已。

旱船大小不等，式样不一，数量不同，表演套路更是各有千秋。旱船表演中最常见的节目是船舱中坐着一位美丽的少女，盘腿席坐，含羞不语，民间称为“船姐儿”。撑船老艄公银须飘洒，手拿划板来回奔波。为了增加场面气氛，特设两个丑角，即艄公之子——傻小子、艄公之女——麻大姐。表演时，两旱船随着鼓点，疾步穿梭，傻小子手拿拨浪鼓，麻大姐手执鹅毛扇，来回奔跑和船姐儿逗趣，动作滑稽可笑。船姐儿脉脉含情，步子轻盈飞快，驾驶旱船犹如急流行舟。旱般常表演这样一个情节：起初，渡船行驶顺利，后来搁浅沙滩，艄公无论怎样用力划，船仍纹丝不动，艄公和儿女跳下水，推的推，抬的抬，终于推到深水之中，再转悠几个回合，艄公算是完成了渡船任务，这时旱船停船靠岸，来回摆动，艄公唱起《旱船歌》：

大河船来小河船，铁锚收起九连环，
船走中间风摆浪，吓得船姐儿心胆寒。
船姐儿把心放宽，艄公给你把桨扳。
划一桨呀又一桨，再划一桨船拢岸。

随着一阵锣鼓声，歌停，船行。这种形式最受农民的欢迎。

## 三、旱船的戏剧性

跑旱船不仅动作优美，而且往往带有很强的戏曲性。一个十五六岁的男孩，以简单的化装、粗糙的头面、破旧的戏衣，装扮成一个舞台上的花旦；另一个同龄的男孩，勾个小豆腐块脸形，头戴蓝毡帽，口挂倒八字（丑角髯口），穿件破旧的茶衣子；另一个年岁较大的，扛着一只长约七八尺的竹木扎成的旱船，上有篷，下有幔，幔上画着碧水红莲；船头上还放着两个头颅面具；一个是秃头的和尚，一个古装的妇女；另外有些马鞭、九子鞭之类的小道具。那两个化了装的小演员，一直是这样装扮着，串遍大小胡同。一个敲击怀鼓，一个敲打小锣，配合着扛旱船者敲击的大锣，奏出简单的旋律。

表演的程序是：一旦一丑两位小演员，先用节、板伴奏，唱一曲“大年初一头一天，小妹妹跪在姐姐面前”的《小拜年》；再用九子鞭表演《皮庆儿顶灯》《小王儿赶脚》；然后由那扛船的和小丑演员，戴上面具，由花旦演员敲锣伴奏，表演一场有舞无歌的《大头和尚逗柳翠》；最后花旦演员架起旱船，丑角演员挥舞马鞭，追逐式地跑起来，穿插着简单的身段和技巧，结束整个演出。这个带有戏曲性的跑旱船继承了元杂剧《贩茶船》的雏形，表演书生双渐与苏小卿的爱情故事。苏小卿被茶商冯魁骗上茶船，双渐追船，终成眷属。这是宋元时代极为流行的民间传说。

跑旱船的表演，除了优美的舞姿以外，往往还带有锣鼓等打击乐器和唢呐、海笛等吹奏乐器。锣鼓点与船的动作密切配合，高潮时唢呐和海笛嘹亮高亢的声音，响彻云霄，整个表演场地，一派欢快喜庆气氛。

跑旱船据说源自通州张家湾的运粮船，后发展成为当地的一种民间舞蹈，组成民间花会，参加年节喜庆表演，但去妙峰山朝顶进香的花会中，却没有这个会档，因此也不是正会。但其所普及的范围却很广，从京东运河边到京西山区都有。

第四节

# 太平鼓会

## 一、何谓太平鼓

太平鼓道具为一把有柄的单面鼓，形如薄扇。演员边击边舞，手法多样。太平鼓原为儿童春节敲打的玩具，传至清代广为盛行。每逢春节除夕，不仅街头巷尾有儿童敲打太平鼓，就是清宫内廷也有打太平鼓的习俗，取其“天下太平”之意。民国以后，太平鼓加入到民间走会的行列。

太平鼓还称“迎年鼓”“锣鼓”“单鼓”“羊皮鼓”等。太平鼓供奉雷神为本会的祖师爷。

太平鼓是一直径为一尺半左右的圆形或椭圆形单面鼓，一般蒙羊皮、驴皮或用多层高丽纸作鼓面。鼓面上绘画色彩鲜艳的花草和人物。鼓架为铁制，下端为连环形铁环，柄下并缀有能活动的小铁环。鼓框衬以绒球或花穗，当鼓身摇动时，便会发出哗哗的悦耳声。击鼓的键子用细竹皮或软条做成，上端缚以绒花、绒球等饰物。

太平鼓在众多的民间花会中，不属于正会，因为它和庙里的任何一种器物都没有关系，故而只能算是“会外会”。

## 二、太平鼓的来源

关于太平鼓的来源有各种不同的说法。民间传说太平鼓源于唐代武则天时期，说武则天在位时，淫乱无道，为遮人耳目，于乱宫之时，命宫女在殿外击打太平鼓，用鼓声遮掩淫乱之声。有的说太平鼓源于明代，《帝京景物略》中记载有“童了挝鼓，傍夕向晓，曰太平鼓”“击太平鼓无昏晓”等语。书中还记有杨补长的迎年鼓诗：“团鼓团鼓春月净，索络连钱铁轮柄。粲粲儿女手腕轻，一槌两槌臂为政。意中有曲无知之，抖肩掂踵不自持……”清初太平鼓流传至京西一带。过去西郊有句顺口溜“家家徒击太平鼓，不见安乐只见苦”，说明老百姓生活的贫苦。另有一说，太平鼓源于清代萨满太太所用的扇鼓。

### 三、太平鼓的表演

打太平鼓人数多少不限，但最好是双数，因为有二人对练的套路。太平鼓共有13套，名称是：“大扇鼓”“小扇鼓”“圆鼓”“追鼓”“夹篱笆”“拉抽屉”“穿胡同”“斗幺鸡”“摇头跪”“四方斗”“回香鼓”“扑蝴蝶”“走月牙”。“穿胡同”“四方斗”“回香鼓”“走月牙”等均为集体表演，变换出不同的队形，其余多为二人对练。练太平鼓讲究头、眼、颈、肩、臂、腰、腿、脚都有动作，要协调一致。“小扇鼓”为二人对练，脚下走八字，上身以腰为轴，边打鼓，边用鼓在自己的头前头后环绕；“大扇鼓”则是相互在对方头上环绕；“追鼓”是一人在前边引，一人在后边跟，相互反复；“斗幺鸡”是将鼓竖放胸前，鼓键水平横于鼓上，轻轻磕打，同时头、眼、嘴、颈均模仿幺鸡的动作；“扑蝴蝶”则是以鼓作扇子，模仿扑蝴蝶的各种动作。打鼓时边打边用持鼓之手向下顿，以使铁环发出响声。表演者成双成对，鼓声和动作都要整齐和谐，二人的动作要配合默契，舞出来才好看。鼓点有舒有缓，有紧有密，节奏快的鼓点称为“双鼓点”，反之则称为“单鼓点”。

太平鼓的表演，舞姿优美，鼓点丰富，男女鼓手各有特点，妇女耍鼓娴熟妩媚，轻松愉快。男子耍鼓刚劲有力，洒脱奔放。太平鼓表演既可独舞也可群舞，极为灵活，歌词多为民间故事、戏曲故事、风物传说，通俗易懂。

北京打太平鼓最出名的是京西门头沟，无论山里山外都有太平鼓。山外只舞不唱，而山里打太平鼓则有唱词。一般是打一遍鼓，唱一遍词，称之为“唱绳”，歌词一般是唱草、花、古人名为主，曲调优美。早年间，打太平鼓的多为妇女，由于当时妇女缠足，打太平鼓时的舞蹈动作别存韵味。

清代才正式出现了太平鼓的名称，《燕台口号一百首》中说：“络索连环声响应，太平鼓打送年人。”《清代北京竹枝词·十三种》一书中《百戏竹枝词》卷记载：“太平鼓，形圆平，覆以高丽纸，下垂十余铁环，击之则环声相应，曲名《太平年》，农人元夜之乐也。”并记有“高丽画纸黑连环，春鼓声中不夜天，怪道灯街杖农乐，歌声已是《太平年》”诗一首。这种太平鼓与花会中所用之鼓是完全相同的。

# 第六章

# 花会的会规

第一节　会规的基本要求
第二节　花会的组织
第三节　入会、贺会和拜师
第四节　走会
第五节　花会的祖师崇拜
第六节　花会的经济来源

## 第一节

# 会规的基本要求

花会是民间一种传统的歌舞形式，一般都是通过走会进行表演，因此又叫“武会”。旧时，花会往往在庙会（如大南顶、小南顶、中顶、丫髻山、妙峰山等）开放时与群众一起上山进香，所以之前又叫“香会”。

花会是群众自由结合、自我娱乐的一种形式。起初，参加这个活动均是义务，不带丝毫营利目的。《北京指南》说它是一种最热闹的杂戏，形式多样，丰富多彩，十分活泼，为群众所喜闻乐见，在民间流传很广，其中在妙峰山地区和北京左安门外十里河一带为最盛。每逢山坛庙集或乡村举行盛典庆祝时，都要走会，以示庆贺。是时，观者如潮，大有万人空巷之势。

武会以献艺表演为主，娱神娱人，其宗旨是祭神修善。从会首到会众，无不怀着虔诚之心，甘愿为神驱使效力。这种活动的神圣性本身就能够令人心怀神圣感而节制自己的行为。但是，行香走会毕竟是大规模的群众文化活动，依然需要大家共同认定和遵守的秩序作为保障，因此，北京的花会组织在朝顶进香过程中，制定了一整套严格的会规。它既是维持走会秩序的保障，又是众花会之间为赢得社会声望而依靠的资本。这些会规存在会首、都管、前引等人的头脑记忆中，并通过口传心授的方式传授继承人（徒弟）。花会多是民间的自发组织，他们为的是行善事，做功德，讲奉献，不索取，图圆满。会规中还规定了如在庙会期间文会服务，武会献艺，钱粮自备，茶水不扰，分文不取等规则。

北京地区的花会表演，在长期的进香朝拜活动中，形成了比较完善的组织形式和约定俗成的规则。虽然其中不乏旧时遗留下来的痕迹，但借助这种组织的规则，为我们保留下来了具有独特风格的表演形式和丰富的表演内容。当然，规则也在随时代的变化而更新变化，花会会规的基本要求就是“各会出入不乱为规，会会同程为矩，会会参拜为礼”，因此才有“起屏放炮”的要求，“回香”让“保香”的礼数，“井字”里、外之分，“闯纛越驾”被视为“大不敬”“欺师灭祖”而被逐出师门的惩罚，以及“幡鼓齐动十三档”走会图的固定模式等。严格的会规，使得行香走会秩序井然，更增添了朝顶进香的神圣和庄严，由此区别于一般的卖艺之家。

各个会档在其行香走会中，需要共同的秩序，并在这种秩序中维护自己的尊严和地位，同时给予其他花会相应的尊重。于是在众花会的交流中产生了会规。在走会过程中，各档会的前引，往往担负着维持本会尊严、监督他会违反会规行为，进而体现出本会崇高地位的责任。这当中，主要是对于会规的较量，是凭借广博的会规知识以及聪明才智，在各会之间周旋，博得对方的尊重；或者指出对方礼节不周之处，乃至对会规理解错误之处等，借以赢得他人的臣服，在“面子”（社会声望）上压倒别人。因此，无论是“抢洋斗胜”，还是“耗财买脸”，他们都是为了树立起自己的社会声望，成为人人敬重的民间权威，从而取得对民间社会资源的控制权。

吴效群在对北京民间的花会界进行访问之际，同行往往都会提到陈永立这个名字，并自豪地称自己出自陈门。陈永立之所以会赢得同行如此爱戴，就在于他不仅认真领悟花会界的会礼会规，而且能将其运用到实际的走会过程当中。

陈永立本是护国寺街上的花铺老板，按北京的习惯，人们都叫他“花儿陈”。“花儿陈”是拜席老会的会首，此会还是北京席业的行业公会。他受到大家尊重的原因，除了所有茶棚的席子几乎都是由他的会无偿供给之外，更重要的是因为他是领悟会规最为深透的人。当时有不少人专门拜师跟随他学习会规。不要小看了这些会规，它不同于现代社会的规章制度，建立在民间文化观念基础上的会规，只规定了行香走会的总原则，并没有形成客观实在的规定，这就要求人们在不同的时间、不同的地点，针对不同的情况，对会规做出合情合理的解释和运用。要求盘道时人们须具有统观全局、机智灵活的处事能力和广博的社会知识。大家欣赏的是辩会规时所表现出来的机智、灵活和随机应变，相反，一味地死记硬背，固守传统说教，则会被陈永立这样的人驳倒，受到同行的嘲笑。

关于涧沟的缝绽老会和桃园缝绽老会“斗法”的传说，正好说明了这一观点。

涧沟缝绽老会曾因为西太后缝过鞋而得过“万寿无疆”的皇封，桃园缝绽会很是嫉妒，便找碴儿同涧沟缝绽老会盘会规以比高低。涧沟缝绽会问桃园缝绽老会：“你是新鞋还是旧鞋？”桃国缝绽老会回答：“我是新鞋。”桃园缝绽会比涧沟缝绽老会成立得晚，这是无法改变的事实。但桃园老会却辩解道：“可是，没有新鞋就没有旧鞋，我的会比你的会老。”涧沟缝绽老会说：“不对，别说你的新鞋老，没有新鞋只有草鞋的时候，我们就缝绽打掌，还是我比你老！”桃园缝绽会哑口无言，再无话可说。可见民间的这件通过盘会规来斗法的行为，完全变成一件看谁头脑灵活、嘴头来得快的较量。

陈永立因谙熟会规，知识广博，机智灵活，胸有全局，能够在不同时间、不同地点，根据不同情况，对会规做出合情合理的解释与运用，因而博得了大家的尊重。当年，小车会、旱船会、脚踏车会要求加入“幡鼓齐动十三档”的时候，大多数会首都不同意。最后还是陈永立说，就让脚踏车在（十三档会）最前面催讨钱粮，让旱船、小车从水陆两道运送钱粮吧。一番话，既没有把这三档会拒之门外，也没把“十三档”改成“十六档”，双方都能接受，于是就有了“外三档”之说。民间的权威人物不是倚靠行政力，而是依靠威望以及对会规的熟知，这是许多民间花会人士追逐的目标。

前引往往以分封诸神的姜太公自喻，认为自己角色的权威性和合法性都来源于他。他们手中时刻不离旗（手旗），并用流利的语言回答别人的问话。别人问：“请问老督官，你手掌拨旗做何使用？”前引答：“今日演义姜尚选将封臣。姜太公身背封神榜，手拿杏黄旗，保着文王，文王江山坐得稳，坐了八百整八年。因此然，今掌杏黄旗，我来带会来了！”

过去京城最著名的“四大前引”分别是南果子市茶烛老会的会首景荣、山涧口五虎棍会的会首宋文玉、黑塔寺杠子会的会首赵松涛、德胜桥五虎棍会的会首范月川。另外，在北京还有一些著名的前引，如缸瓦市杠子会的会首刘敬亭、西直门内五虎棍会会首李长福等。

有人说，各档花会间的这种好斗传统，是早在其产生之际即已具备，可以说是与生俱来。北京民间花会界的前辈甄玉贵先生也持这一看法。在他看来，花会应起源于清朝，十三贝勒守望皇陵时发展出来的一套娱乐项目，后因王朝没落而流落民间。八旗子弟经常以花会中的各种把式互争高低。因此，花会自产生之日起，便带有浓厚的争强斗胜的性质。

十三贝勒守皇陵时，常在正月十五闹花灯。他们看到有走会的人，觉得这东西不错，所以一回来就练起来。开始时这内文八趟儿是八旗弟子弄出来的，后来就发展到五府六部里头了。兵部是幡，刑部是棍，户部是秧歌，里面这几个会档内容都不一样，一个部里出一种。后来，大清朝没落以后，有钱的人家都没钱了，养不起一帮子人玩儿会，所以花会逐渐传到了民间。在城边上会有一些农村的老百姓玩儿，但这些人又不能说是真正的老百姓，真正的老百姓当不了头儿，得有钱有势才行。清朝时期，把儿头都是地主或富农，玩儿会的人只要能领到一个牌子，说明自己在把儿，就不会被抓壮丁。后来到了人民公社的时候，人们闲着没事，这帮老玩角儿又召集起来，弄起新会。但是那时候条件太艰苦，很多会也没有会谱，所以新办起来的会大多没能兴盛。等花会流传到农村时也是合村公议，从各家敛钱支持花会表演，从正月初一到初五花会踩街，在街上表演。其他便没什么了，只有摆茶桌儿。现在摆茶桌儿和过去不一样，过去茶桌儿就是茶桌儿，现在茶桌儿上又是水果又是点心。过去走会，一堂会里有一个角色能动，就是高跷会里的小二哥，他挂一个篮子，一躲开这桌钱粮把儿就接过来了，把接过来的东西倒进钱粮里，他盖上盖再招呼一声“谢啦”。钱粮里边一开始是空的，敛的东西搁这里头，回去弄点茶水，大伙边吃边聊。

近年来，由于年老和疾病等原因，有不少会员已经不参与花会活动。丰台某花会正式记录的会员有59人，但现在能正常参与花会活动的会员只有30多人。会员九成以上为本村村民，由于会礼会规逐渐宽松以及会员的缺乏，花会逐渐开始对外村的爱好者开放。“只能传男不传女”的传统会规不再成为会员入会的限制，花会里开始出现女会员。会员的平均年龄为50岁以上，最长会员84岁，最年轻会员为28岁。其中20～30岁之间的会员有1人，30～40岁之间的会员有3人，40～50岁之间的会员有10人，50～70岁之间的会员占比例最大。年龄偏老化，会员大部分是已退休人员。老会首76岁，年轻会首38岁，在职。

会员之间或是亲戚关系或是好友关系，交往较为密切，没有等级和命令，实行的是民主公平的管理方式。年轻会首将自己形容为花会的“公仆”，是为花会和会员服务的，会首就意味着责任和奉献。花会有重要事宜时，会首需要通知会员并听取他们的意见，在咨询了经验丰富的老会员后，酌情处理。这里并没有成文的会礼会规，但是会员们都自觉遵守花会的老规矩，比如孝顺师傅、不收取表演报酬、不拿取邀请者的赠品等规定。

## 第二节

# 花会的组织

### 一、组成花会的基本单位

民间的花会一般是以地区为单位组办的，例如在郊区，花会的拨子旗上先标村名，像海淀钢铃舞狮、大峪村五虎少林会等；在城里，花会也是分地区的，这一点也可以从拨子旗上表现出来，好比东猪市太狮、缸瓦市杠子、虎坊桥秧歌等。这种按地区组办花会的方式好处在于，一是人头熟，居住集中，便于日常练习；二是便于攒钱以充作经费；三是表现出了一种乡土观念。除此之外还有一种特殊情况，就是由行业的行会出资组办花会，这在城区尤为普遍。

狮子会是一种常见的会档，耍狮子时有许多登高的动作，例如登上八仙桌子。有时还要登上两张相叠的桌子，桌子上放有一条板凳，两个耍狮子的“练儿”站到板凳上去，动作难度很大，需要有很高的技艺，普通人练起来很费劲。棚匠这个行业，在日常工作中几乎每天都要上高，如同建筑行业中的架子工，每个人都有一身登高的功夫。因而，棚匠这个行业组建狮子会的特别多。有上高搭棚的功夫，舞起狮子来，对于那些平常人望而生畏的登高动作，他们却是驾轻就熟。例如方砖厂狮子就是由棚匠子弟组办的。

京西门头沟盛产煤炭，在煤炭的集中产地圈门一带，原来有一个盛大的庙会，即九龙山娘娘庙会，每年农历四月二十九到五月初一举办。九龙山娘娘庙会被称为煤窑行业的庙会。举办这个庙会的组织机构称为“大会”，会首有九成是各煤窑的窑主，一成是煤窑所在土地的拥有者——山主，他们负责筹集办庙会需要的费用，安排各种事项，提供各种服务。当日，附近20多个村子的各种民间花会一起出动，共有30多档，主力是以窑工为主的“十三会十九档”，此外还有一个由窑主们组办的“吉祥会”。行香走会从四月二十九开始，有开路会、中幡会、大旗会、大鼓会、驾会、狮子会、杠箱会、七星会、支单会、牌楼会、小车会、秧歌会、道经会、高跷会、五虎少林会、石锁会、吵子会、太平鼓等。走会时要游遍圈门内外的13个村子，然后到达九龙山顶的娘娘庙，行程20多里，3里多长的队伍要走上半天，第二天上午在娘娘庙祭拜上香之后，在庙前的空场上各自献艺。

## 二、不准拿杵

在清代时，花会到妙峰山走会的规矩很多，其中很重要的一条是不准拿杵，就是不能以技为业，落地做生意。因为大家都认为，凡朝顶进香的各会档，都怀着一颗对老娘娘的虔诚之心，应该把自己最好的技艺呈献给老娘娘，若以自己的技艺去挣钱，便是对老娘娘不够虔诚，因而各会档绝对不准拿杵。

到了民国年间，不准拿杵的规矩有所松动。由于当时政权更迭频繁，社会动荡，民间疾苦日深。八旗子弟的“铁杆庄稼”没了，其中不少人肩不能挑担，手不能提篮，又无一技在身，只好坐吃山空。为求温饱，一些人就把过去的“玩意儿”当成了养家糊口的技艺，也就顾不得虚名了。正如金受申先生所说：“以前北京行香走会……都讲究有个‘万儿’，万儿就是名字，也就是招牌，所以‘耗财买脸’，是只要名誉——也可以说名声，不要钱而且花钱的，至于拿黑种，落地挣钱，只是现在才有的生意经，所以中幡、秧歌都落了地。”

民以食为天，连肚子都混不饱，哪里还有闲心去敬神呢？所以有些会档中的会友以技为业去挣钱，是阻挡不住的潮流。但是按照规矩，一旦落地做生意，就不准再用原来的“万儿”了。天桥的宝三原来是历年都去妙峰山行香走会的一个重要会档，后来因生活所迫，到天桥去撂地卖艺了，以摔跤为主，兼练中幡。卖艺之时练中幡，幡旗上就不能再写“礼部大执事”，而只能写“以武会友”了。金受申先生认为：“虽然是撂地的玩意儿，却也是保存香会的一法。”确实如此，当时已是民国，礼部衙门已不存在了，“大执事近年已不多见”，撂地卖艺却能够把中幡的技艺留下来，在这一点上来说，艺人们确是功不可没的。

进入民国以后，八角鼓和什不闲也大多落了地，进入了书馆、茶园，成为了艺人们挣钱的技艺。为了适合大众的口味，什不闲和八角鼓不断地发展变化。例如从八角鼓中演化出来了单弦、岔曲、京韵大鼓、子弟书等。什不闲也划分成了子弟什不闲和生意什不闲两类，子弟什不闲是那些家道殷实的八旗子弟的玩意儿，依然遵守着清朝时的老规矩，绝不拿杵。生意什不闲则指那些以技为业的艺人们演唱的玩意儿了。什不闲在他们的手里得到了发展，可以表现出一个较完整的故事，这种方式称为“什不闲带小戏”。

八角鼓落地之后，出现了许多表演名家，其中首推随缘乐。随缘乐是海淀火器营的旗人，家庭比较贫困，年幼时曾经给人家放过羊，有才而无用武之地，时尝哀叹“老天何故困英雄”。他对八角鼓的演唱艺术曾进行改革，他所改编的段子《风雨归舟》，至今仍是京韵大鼓的名段，另外八角鼓名家瑞雪岩、奎松斋、赵子俊、布俊亭、常茂亭等人则都是从王公府第而来的。唱什不闲的艺人首推“抓髻赵”，东直门外自来水厂东北侧的红桥茶馆是他经常的演出之地。此外徐狗子、奎弟老、贾玉山、贾玉芳、贾玉珍也是当时有名的唱什不闲的艺人。

落地卖艺的艺人们仍可以组建花会，或跟随原来的会档去行香走会，由于他们手里的“玩意儿”经过了发展变化，更适合百姓的口味，又由于他们在演出过程中闯出了一些名气，从而在走会中更受人们的欢迎，成为众多香客驻足围观的热点。

民间花会不仅保留了众多古老的民间艺术，而且还从中演化出了单弦、京韵大鼓等曲艺奇葩，丰富了北京的表演艺术门类，可以说，这是民间花会的一大功绩。

## 三、官方对花会的影响

清代康熙、乾隆年间，国家承平日久，民众生活安定，社会上的享乐之风逐渐盛行。在宫中，皇上登基、成亲、祝寿等重大庆典活动上，由政府部门组织的艺术表演团体争相献艺，点缀太平盛世。

现代民间学者姚宝苍的《海淀区民间的花会纵横谈》当中，介绍了朝廷对于官府组会的态度：

清乾隆年间乾隆之三弟（人称乾三爷）有一次去颐和园路经六郎庄时，见该村有五虎棍正在表演，甚为赏识，乃给了赏银，不久又传该会会首至其府上，把该会攫为己有，并发给钱粮。从此该会名声大震。一次他们应邀到河北涿州地区，当地十七档会欲使该会受窘，暗地里糊了假銮驾，并声言无銮驾者不得进香表演。六郎庄五虎棍会速将此情况报知乾三爷，其母于是赐予该会半副銮驾。乾隆甲戌年（1754年）乾隆看过此会后，赐名为“六郎庄忠孝童子棍会”，赐给宫内真龙旗和红黑龙棍各一条，“回避”“肃静”龙牌两块以及金瓜、钺斧、朝天镫等仪仗。从此，该会称为皇会。乾隆二十六年（1761年）乾隆为其母圣宪皇太后庆寿时，此会接驾，又被赐名为“永寿万善忠孝童子棍会”。该会于光绪年间曾多次去颐和园承差表演，并任宫内太监教习。海淀镇的钢铃五狮会在一次去妙峰山进香归途中经过颐和园北宫门外时，适为咸丰皇帝所见，当时狮子戴的铜铃铛不太响，咸丰问其缘故后，赐给造办处制造的铁铃十八枚，并赐名该会为“万寿无疆铜铃五狮会”。

朝廷的各衙门都成立了自己的武档子表演团体，形成了各自的特色，有兵部杠箱会、刑部五虎棍会、户部秧歌（在北京秧歌指高跷）会、礼部中幡会、工部石锁会、吏部双石会。其他政府机构的会有掌仪司的太狮会、翰林院的式架棍（五虎棍）会，以上总称“内八档”，也叫“太和殿承差”。

## 四、花会内部的组织与分工

关于各档花会内部的组织分工及人员构成，2004年经贺会成立的大兴区旧宫镇群英同乐小车圣会具有代表性。

其具体分工如下：

○承代之引（顾问）：隋少甫　黄荣贵　赵宝琪　杨环

这四位承代之引并非会中之人，他们是会首孙忠喜的师父和师兄，也是花会界德高望重的人，熟释民间花会的传统知识和规矩礼法，对于群英同乐的发展起到了重要的指导作用。

○司都香首（会首）：孙忠喜（又名孙四）

全面负责小车会的工作，兼任前引一职。

○钱粮把儿（计划管理部）：骆士成　王清海

负责演出业务联络，演出计划的拟制，演出活动组织，有偿演出经费管理，完成会长布置的其他工作。

○武场把儿（表演部）：把儿头——纪秀英　人员——吴凤花　马岚　贾凤田　李建立等

负责演出角色安排，平时训练管理及艺术指导。

○文场把儿（乐队）：把儿头——孙忠会　人员——黄铁祥　于海山　高启山等

负责打击乐及唢呐音乐的演出安排，把儿头为第一鼓手。

○司事把儿（会务部）：周玉兰　李藏　战红玲

负责演出车辆租赁，行车路线安排，道具的运送管理。

第三节

## 入会、贺会和拜师

### 一、入会

这里说的“入会”，分个人入会和集体入会两种。

个人入会就是个人参加某一档会，往往出于爱好，或本会中成员关系较熟，产生兴趣，因此提出入会。个人入会有两个基本条件：一是承认会礼和会规，并了解本会的基本情况；二是有专人介绍，还得是本会的成员。

会礼会规的教育，有利于入会者对良好人品的学习，同时了解为人处世的一些基本准则。往往有些人家专门将自己的孩子带来入会，不光是掌握本领，也为了更好地做人。因此，对于入会者来说，先学会做人是首要条件。学习内容包括“心有神佛，勿生邪念”“箱笼自备，茶饭不扰”“八方共域，异姓一家”等。主要是劝人行善，免是非，不争斗，促使众会友团结互助、友好相处、和谐共进等。

集体入会有点儿像今天的社团登记制度。要成立新的社团，首先要向政府主管部门提出申请，填写相关表格。经审核同意后才能注册成立，成为合法社团，否则即为非法组织。非法组织不光有可能受到制约，而且难以在银行开设账户，进行商业往来。

20世纪初，在北京也曾有过一家类似于政府社团登记管理部门的组织，只是半官半民，而且民间色彩更浓一些。此组织称“会口”，成立于清代后期。如有新的会档成立，必须先到会口去申请，经会口通过、批准，并入了全城文武堂会的花名册（也称“牵引”），才算正式批准入会口。在成立新会档的当天，会口还要派德高望重、有名望的老会首来“全丈”，赠“会号”（即会名）。凡未登记在案的会档，过去一律被称为“黑会”，不能随意走会，只能在本村“玩儿会”。凡要到妙峰山朝顶进香的民间花会，都要加入会口，得到各会的认可，允许该会会旗打出“金顶妙峰山进香”字样。黑会则无此资格。

## 二、贺会

贺会又称“恭贺”，是为庆祝某会正式成立、命名或更名，以取得对该会认可而举行的仪式，也算是该会成立仪式。

贺会仪式标志着一档新会已然取得合法的身份，得到了同行的认可，在同行中具有了相应的地位。各会对新会成立的祝贺，表明对其的认可，以及日后友好相处的姿态。

关于贺会，老会首甄玉贵回忆道：

那时候都讲究“贺会”，请京城所有的会都来。请过来以后拿二尺半红布，说“给我挂挂红，待会儿在我这儿吃饭”，像充份子一样。一般说来什么时候都可以贺，但收徒弟的时候除外。三年不走，叫重整，五年不走，叫大贺。五年不走，这会就不存在。所以在原来，没有贺会这道手续就不能叫“会”，不被人承认，叫黑会，是黑会就上不了妙峰山。现在各档会上妙峰山都不受限制，但在过去却不可以。

新的花会成立，必须邀集北京所有花会的会首前去贺会。举一档武会承贺的例子来说明：一档新的武会要成立，此会要把自己所有的物品都摆出来，演员进行表演，让前来的各位会首观赏。会首们都使出全身解数来挑剔新会的毛病，而新会的会首则笑容可掬，唯唯诺诺。因为他知道，“挑眼”是一个例行的程序，必须为各位会首提供一个展示自己会规知识的机会。会首之间还要彼此互相考问，以显示自己对于会规的熟悉，贺会是会首们抢洋斗胜的一个重要时机。在各位会首们极尽表现以后，大家经过商议，认为新会除了有一些可以改进的不足外，基本上还是符合成立条件的，于是便举行新会的成立仪式。新会首念表文介绍会员们对碧霞元君的崇敬、会中的人员安排，然后拜祖师、放鞭炮。会首们为新会挂红幛子表示祝贺。如果是需要化装的会，还需由一位德高望重的老会首为演员象征性地勾脸（若是文会则由此德高望重老会首象征性地为新会写上几个字，也是取个开脸的意思），接着新会正式进行一次表演。最后则是进行公共活动后例行的做法，找一家饭店喝酒吃饭，以示万事大吉，功德圆满，此会就算成立了。

新成立的花会必须连续三年上妙峰山进香走会，三年过去，没有发生什么失礼的事才算被北京所有的花会所接纳，成为组织里的一个正式成员。另外，一档会成立后，如果三年没有走会，则此会再出来就需重整（即举行类似于贺会一样的仪式），如五年没有走会，则必须重贺（重新举行贺会仪式）。

但对于没有经过贺会的花会，若是急着上妙峰山，也有一个折中的办法，这就叫作“借值”。一个新会因种种原因没有经过承贺，但妙峰山的香期已到，此花会可以先上妙峰山进香，但必须向遇到的花会说明自己的身份，在进香回来后再举行贺会仪式。

2004年，北京市大兴区旧宫镇举行的群英同乐小车圣会贺会仪式，是隋少甫晚年主持的最后一次贺会仪式，完全按照传统方式进行，被誉为“京城绝版的贺会”。中国农业大学2009级硕士研究生腾菲，通过采访当事人，用文字记载了当时的盛况：

2004年5月2日群英同乐在旧宫镇政府的大礼堂里按照最传统的仪式进行了贺会。当天请到了北京市文化局、北京市民间文艺家协会以及大兴区旧宫镇政府、党委宣传部等部门的部分领导，还有京城花会界的重要人物隋少甫以及30多档会的会首。当天贺会仪式的议程如下：

贺会议程：

1. 宣布群英同乐小车圣会贺会仪式开始

2. 首先介绍各位到会的领导嘉宾

北京市文化局有关领导

北京市民间艺术家协会秘书长于志海先生

世界艺术家协会副主席李广财先生

北京市民间文艺家协会民俗专家包世轩先生

北京市民间文艺家协会会员隋少甫先生

北京《信报》、《晨报》记者代表等

大兴区旧宫镇镇政府领导、宣传部领导、文体科领导、民政科领导、综合治理办公室领导、居民科领导等

旧宫镇清逸园社区居委会领导

### 3. 众友同心中幡圣会黄荣贵都管叫香

### 4. 由前来参加贺会的各堂都管依次上香

### 5. 开脸

由亲朋同乐清茶老会冯建华都管、万代助善清茶圣会陈长寿都管开脸

### 6. 由万里云程踏车老会隋少甫都管赏手旗、赏按旗幌，宣读“大表”

（1）由本堂会参驾，唱小五佛，打三参

（2）谢过今天前来贺会的各位领导及各位都管

### 7. 讲话

市文化局领导讲话

镇政府领导讲话

隋老都管讲话

来宾代表讲话

会首孙忠喜讲话

### 8. 送驾、安驾、踩街

贺会仪式于上午十点正式开始，介绍完到会的领导和嘉宾后，会首黄荣贵总叫香，参拜小车会的祖师爷轩辕黄帝。接着，亲朋同乐清茶老会冯建华都管、万代助善清茶圣会陈长寿都管为武会开脸，即将用布遮住的小车会所用行头由文会的都管掀起，意为新会的行头可以投入使用，由文会会首为武会开脸，这是老一套的规矩。然后孙忠喜的师父——84岁的隋老坐在轮椅上为新会“授旗”，宣读“大表”即新会领导班子成员名单。新会参拜完祖师轩辕黄帝，唱小五佛，并打“三参”，同时与各会会首见过礼，接着由来贺的领导讲话之后，新会轩辕祖师爷的画像送到孙忠喜家里，这一过程叫“送驾”，供奉在准备好的桌子上，并由会长孙忠喜再次参拜，叫“安驾”。这些仪式完毕以后，

新成立的会档要“踩街”表演，每个演员要将自己的绝活拿出来给观众看。

按照会规，贺会之前先要召开筹备会议，俗称“小约”，邀请相关人员一起商议贺会的时间、地点，准备请哪些会档的会首参加。还要推举出贺会仪式的主持人。然后被贺之会的会首亲自送帖相邀有关人员与会。

贺会当天，被请会首都要手持拨旗亲自到场贺会，见面后相互“打知”（打招呼），送贺礼以挂账，表示祝贺。

显然，如今的贺会仪式相当专注，也已少了昔日的锋芒，显得平和许多。以往的挑毛病，找别扭的几乎绝迹。现如今，贺会仪式的重要性在迅速降低，许多新会甚至都不了解这一程序的发展。

## 三、拜师

个人入会与拜师不是一回事。入会说明本人已然成为本会的一名成员。拜师与入会的不同在于：1.不是什么人都能拜师，只有前引才有权收徒；2.拜师并非学习具体技艺，而是学习会礼会规。按照会规，会内成员间无所谓师徒，大家一起玩。

俗话说，走会走的是礼，是人际交往中的规范，主要体现出身份、修养、势力和智慧。所以，拜师收徒仪式像贺会一样庄重。比如，首先要“小约”商量具体活动当天的相关事宜。

拜师当天，会场上的布置与贺会时的情形差不多，特别要供上本会的祖师牌位，并摆放供品。

仪式开始前，主持人宣布：“吉时已到，是日早临，及时点香，欢迎恭贺，免发钱粮。”主持人宣布拜师仪式开始。接下来的议程包括：

1. 介绍到会领导、嘉宾；

2. 请一位有威望的香首“叫香”；

3. 收徒的师傅到香案前“叫香”拜祖师，落座；

4. 铺红毡，从花会中请出四位有名望的前辈拉着红毡的角铺在地上；

5. 由引师和保师把徒弟带进门来，徒弟头顶大帖向师傅三叩首行拜师礼；

6. 弟子宣读拜师帖，然后将大帖放置头顶；

7. 师傅收帖，回赠弟子秘传的会礼会规文本，弟子叩首谢师；

8. 徒弟起身向在场的师大爷、师叔、师兄行礼致敬；

9. 师傅、徒弟致辞感谢；

10. 到场领导、嘉宾致辞祝贺。

仪式结束，照例由师徒设宴招待来宾。

第四节

# 走会

## 一、走会的形式

走会的形式分局会和香道会。

局会一年四季都有，如某商店开市，想热闹一下，可以下请帖请几档花会来表演，各会接到请帖都会按时到达。这种有人邀请来表演的会叫“局会”。局会又分红局和白局。结婚、嫁女、祝寿、办满月、贺挂匾、贺开市等喜庆事请的会属于红局。接三、送殡等丧事请的会叫白局。白局请的会多为文会，如茶炉老会、拜席老会、供碗老会等，是去给丧家帮忙服务的。

香道会，就是民间花会去朝山进香。凡是佛道二教的重要寺庙开庙之时，不用邀请，各种花会都主动去进香朝拜。香道会中最隆重、规模最大的是每年农历四月初一至十五的妙峰山庙会。妙峰山顶曰“金顶”，建有天仙圣母碧霞元君庙，俗称“娘娘顶”。北京城郊各地的民间花会都到妙峰山朝顶，河北省和天津等地的民间花会也每年必到。届时通往妙峰山的四条山道上（有说五条的）群会密集，锣鼓喧天，幡旗招展，人喊马嘶，热闹非凡。

“幡鼓齐动十三档”在朝顶进的过程中，还排出走会顺序。其内容是：“开路（耍叉）打先锋，五虎少林紧跟行，门前摆设侠客木（秧歌），中幡抖威风，狮子蹲门分左右。双石头门下行，石锁（掷子）把门挡，杠子把门横。花坛盛美酒，吵子（大镲）音乐响连声。杠箱来进贡，天平称一称。神胆（跨鼓）来蹲底，幡鼓齐动享太平。”

民国以后又增加了三档会，顺口溜儿也就加上了：“门外旱船把驾等，踏车（车技）、云车（小车会）紧跟行。”

走会时不论文会还是武会，每一档会前都有一对镶有火焰边的大三角旗，上面绣着本会的名号，这种旗叫“门旗”。两门旗之间的是手持

“拨旗”的把头或前引，拨旗和门旗式样相同，只是尺寸小得多，把头就用它指挥全会的行动。

## 二、参加花会的人员来源

老北京五行八作，三百六十行，几乎每一行都走会，从六部的衙役、八旗的公子哥、旗营的兵丁，到饭馆的堂倌、棚铺的伙计、赶车的把式，郊区农村则更为普遍，农民各户都以走会为乐，玩上兴头儿了，也不管年节时令了，无论田间地头、胡同院落，几个人一凑，就玩上半宿。妇女在家，收拾完屋子做好了饭，几个姐妹往一块一凑，就能够打上几场太平鼓。北京人礼多，婆婆对儿媳妇家规很严，穿衣吃饭，上街串门子，什么都管，唯有玩儿太平鼓不管，非但如此，兴头儿一上来，还亲自上场，传授年轻人几招技艺，卖一卖老，就图一个痛快，图一个喜庆。

除了城里、关厢之地以外，东到通州运粮的，西到门头沟挖煤的，南到丰台种花的和大兴种西瓜的，北到延庆、密云的果农，大家都喜欢花会这种民间艺术。

城里人盼开春，他们古有“踏青”的习俗，出城去观风赏景，换一换心情。四月一到，郊区的庙会就多了起来，城里的花会就开始贴会启，组织人马，收拾行头，做走会准备了。他们怀着一颗敬神的虔诚之心，去求子、求财、求平安。郊区的农民对神佛却不大虔诚，在他们的心目中，龙王才是最重要的神灵，天旱求雨时，把花会艺术全部表演给龙王爷看，就为求一个好收成。八旗子弟们吃着皇粮，衣食无忧，他们走会，就是为了满足一下自己的表演欲望。各种人汇聚在一起，这才形成了北京花会的兴旺。

## 三、为什么要走会

干什么事情都有个目的，走会也是如此。人们都知道，到妙峰山朝顶进香的花会多，而大多数会档却不是来自于附近的村庄，而是来自于几十里地之遥的京城。为什么要长途跋涉，到这么远的地方来行香走会呢？就是因为城里人对神佛的笃信，对妙峰山的老娘娘尤为虔诚。

城里人信神、祭神是有原因的，作为数百年延续下来的京师之地，深受皇家左祖右庙、五坛八庙的影响。每年皇帝大规模亲祭，祭祀队伍浩浩荡荡，祭祀场面盛大庄严，倍感祭神之神圣。行香走会从某种程度上来看，是平民百姓对皇家祭祀仪式的模仿。如花会的负责人称为“都管”，并设“司事”和“前引”；敲大锣的称为“天耳”“神耳”“中军”；中幡称为“大执事”，如同仪仗队；耍叉的开路会、耍棍的杠子和花棍、练武的五虎棍、少林棍等，如同护卫队；大鼓会、吵子会、音乐班、文场等会档为行进队伍奏乐；花坛、双石等号称“小执事”。此外还有管钱粮的杠箱会、催讨钱粮的踏车会等。可以说，皇家的祭祀队伍中有什么，民间的行香走会的队伍中就有什么。金受申先生说得最确切：“可以说武香会，是象征派的大表演啊！”

然而，城里的寺庙虽多，但却因自然条件所限，未能给城里人提供一个行香走会的充分条件。仅一个“都城隍出巡”就已经造成了交通堵塞、万人空巷了，哪里还能容纳得了京城上百档花会的走会进香呢？为此，他们要走出城来，到郊区去，寻找自己的活动空间。佛门和道家立教已久，都有自己的一套礼仪和规矩，因此，近在城郊的西直门外大钟寺、东直门外铁塔寺、西便门外白云观、朝阳门外东岳庙都未能成为城市居民行花会的场所，这些地方仅适合于施财舍物的文会存在，民间花会只好另辟蹊径了。为此，民间的神庙就成为最适合的选择，而供奉碧霞元君娘娘的“五顶”从此热闹了起来。然而，近地城郊的“五顶”娘娘庙，有当地附近村庄的善男信女祭祀，并有附近村庄的花会行香走会，庙宇的规模也并不大，因而无法容纳更多的花会朝顶进香。京西门头沟区的仰山有座栖隐寺，在金元时期是北京最大的皇家寺院，明朝之后逐渐衰落，每年春季，城里人到此进香拜佛的善男信女成千上万。佛寺以佛祖释迦牟尼的诞辰之日农历四月初八为庙会之期，以此向前后延伸数日，此时恰逢春暖花开，阳光明媚，因而城市居民就形成了拜庙进香与郊游踏青相结合的风俗。春游之时，人们发现离仰山不远处有一座山峰，苍松翠柏，鸟语花香，山势峭峻，溪水泉涌，风景极为秀雅。山上有一座娘娘庙，却不见当地村民进香。原来，山下村庄多是山西移民，他们按照家乡风俗，在妙峰山上修了一座后土娘娘庙，每年正月十五为祭祀之期，此时为四月，当然无人祭祀了。而城里的香客却误认这是碧霞元君庙，而捐资重修扩建，每年四月到此进香，由于此寺不见当地人进香，进香之人多来自于京城，以为是这位娘娘只保佑远方来客，而不保佑近处之人呢，因而就形成了一句俗语，叫作“妙峰山的娘娘——照远不照近”。妙峰山娘娘庙存留下来的26块碑刻，没有一块是当地人所立。城里人将妙峰山娘娘庙视为自己的“家庙”，每年四月必到此朝顶进香，更有披鞍、滚砖、插剑、披锁之人，三步一跪，五步一叩，以表示自己的虔诚之心。妙峰山的声望兴隆，皇家也来凑热闹：“彩旗八条焕珠光，浴佛新开道场。昨夜慈宁亲诏下，妙高峰里进头香。”每年庙会之期，提供各种服务的文会摆摊搭棚，开口必言“虔诚”，表现出一片善心。这里为武会行香走会提供了最适宜的人文条件和地理空间。京城的各档花会把能够到妙峰山行香走会视为一种荣耀，许多会档每年必到，以表示对娘娘的一片虔诚之心。

在去妙峰山朝顶进香走会的众多会档中，有这样两个会档十分特别，这就是八角鼓和什不闲。民间花会的诸多会档大多来自民间的生产和生活，例如秧歌，顾名思义，就是农民种地插秧时的歌唱和由此而演变出来的舞蹈，小车会模仿民间的接媳妇回娘家，而八角鼓和什不闲却属特殊，原来是八旗子弟的玩意儿。

## 四、叫香、保香和回香

朝顶进香之际，各会档在灵官殿前都要举行隆重的酬神表演。表演之前，各档会的会首要手持拨旗向在场的文武各会，以及前来进香的香客和游人，做一回说明：“见见神坛守驾的，见见北京城乡内外，三山五顶，四乡八镇，四股香道，行香坐棚，文武各会。敝小会××××会，上香有鉴哪！”然后上香并三参见礼，见礼时要左手握旗杆，右手揪旗尖，随着三参的鼓乐点，三次行礼致意，周围的会档要高声道“虔诚”回敬。

叫香是花会在妙峰山庙会朝顶进香时，会首们边烧香边向娘娘和众香客报到的说辞，是展现会首个人气质的关键步骤，但随着时间的推移，越来越多的会首不会叫香，只是走形式。甄玉贵受隋少甫真传，他的叫法是：“见过神坛守驾，见过守驾的文场各官，见过三山五顶、四乡八镇，北京城关内外文场各会，各位老资都，鄙小会玉海升平小车圣会，上香有鉴哪！”于今可谓一绝。

如果没有朝顶进香这一神圣环节，花会不过是千姿百态的民间组织中的一种，而正是因为这一环节使得民间的花会由世俗走向神圣，不落窠臼。以朝顶进香、为碧霞元君办事，同时为民祈福的名义而产生的花会，因为有了神圣的光环而格外受到民众的尊重和重视。

朝顶进香的文武各会都称“保香”。朝顶进香以后返城的各会称“回香”。按会规，回香的要让保香的先行。两会相遇，回香的对保香的说：“你大表未交，公事在身，礼当先行”，保香的客气回答：“你回香有功之臣，礼当先行”。结果，还是回香让保香。这时两边的前引都在说话：“两不齐响，各抢上手！”这样两支队伍就算是打过交道了，而后各奔前程。

当然，如果此次相遇不顺利，双方便可能产生摩擦，俗话叫“搬岔子”，即会规礼节间的唇枪舌剑。会规的较量总是从对方没有顾及到的失误处着手，如礼节的不同、器物家什的毛病、会规知识的缺乏及错误理解，等等。会规的较量往往引起严重的冲突，按惯例，取胜的一方可以把理屈一方的队伍冲散，把所有的器物家什砸烂，取消此会的走会资格。更有甚者，严重违反会规的花会，其成员被人打死亦为惯例所默许，不受王法的约束。当然这种惯例往往也就是说说而已，真的发生的机会少之又少。

妙峰山行香走会持续了近400年，地域范围包括京、津、冀等广大地区，涉及上至皇族下至普通老百姓的多个社会阶层，是波及范围大、持续时间长、社会影响深的文化活动。

在妙峰山庙会活动中，有时会发生“狮子封门”的情况，即狮子会封住庙门不让其他花会进门烧香。在象征意义上，狮子是封神兽。一般情况下，这是因为院里已经有花会在为老娘娘献艺表演，狮子会把守庙门，负责调节人流量，有时则是因为狮子会想与相遇的花会进行较量，极少情况是平素积怨所致。每当发生这种情况，庙门外的花会必须叫门“应战”。

德高望重者来到封门的“狮子”面前行礼发话：“请吧，老督管，你赏个门让我们进去，好给老娘娘烧这股香！”“狮子”答：“不开！”老者又叫：“自古西岐第一牌，文殊、普贤降下来。弟子带领小会来奏事，请你圣兽把门开，容我弟子把香进，回头我再拜你圣兽来。”还是不开，老者又叫道：“再三再四你不开，文殊、菩贤降下来，手掌戒尺把你的正中兽头砸下来。”狮子若不是故意较真或为难，一般都会把不开门的正当理由讲出来：“不开不是我不开，里头有不少的东西呢！”原来，庙里面有很多会档在表演，已经挤不下了。

然而，一番说理后，封门的“狮子”若没有正当的理由还敢再强行封门，便有可能激起民愤，小二哥便要代文殊、菩贤执行法规——“手掌戒尺把你的正中兽头砸下来”。这样，狮子便不再拥有任何封门闭路的理由，必须开门。

花会走会，走的是礼。在向碧霞元君酬神献艺之前，表达这种礼数便更加重要，俗称“参驾”，此时各档会都会不约而同地打一种节奏特快、反复三次的鼓点。过去，人们为了祈求五谷丰登，天下太平，总想求得神的庇护，因此建庙塑像成风，全国有不少香火极盛的庙宇。为了去进香，各地都成立了一种文艺团体，称为“调香会”，亦称“花会”。当时，每档会都由若干户组成，各在统一的时间内相约汇集去赶庙会。庙会开始前，各档会首先齐唱《群唱》和《小五佛》。统一打三通鼓，以示对神的虔诚，于是就有了三参鼓点。三参据说是三次参拜之意。打完三参鼓，然后才能表演节目。久而久之，三参鼓就成了花会的开始曲，并被列为各会会规上的一项要求。三参鼓保留了这门民间艺术的特色，但其拜神的原意却早已随着时代的发展而消失了。

隋少甫、王作楫先生曾在他们合著的《京都香会话春秋》一书中，详细记述了不同会档在参驾之际的细微差异：

开路参驾时，由都鬼（大鬼）带头，文场打三参，都鬼行三回礼（低三回头，只行鞠躬礼），小鬼则要下跪三叩首。

五虎棍会参驾时，红脸赵匡胤在前头，文场打三参，全体练儿跪腿一齐参，三叩首。

秧歌（高跷）参驾时，头陀在前带小头形（即会中小二哥）。头陀用两棍相击，文场打三参，行三回礼（三鞠躬）。

中幡参驾时，常把双手插在中幡大杆里头，双手相合，掌心相对，意为童子拜佛。

狮子参驾时，狮子参驾要扛着狮子头，没有文场，拉杠三参，一参一趴一回出一回头，三参就要趴三回出三回头。狮子会是摆前面，走在后面，所以各会档都要参狮子。

双石参驾时，演员要蹬五副石头，最多时上13个人（包括大人、小孩），其中最大的石头似磨盘，也有三举三落的。

石锁参驾时，演员要跪在地上头顶石锁，石锁摞石锁一个比一个小，最多时可摞11个石锁，没有文场。

杠子参驾时，演员用胳膊肘放在杠子上，双手相合，掌心相对，做童子拜佛状。两边各有一人以造型做陪衬，一个卧鱼，一个平身，还有下面做千斤坠的，没有文场。

花坛会参驾时，顶坛子，坛子平放，一个接一个，最多时有顶五个坛子的，最重的坛子达50斤，不用文场。

天平会参驾时，演员要号佛（唱）。参驾时还要有会中四个样头（穿旗袍、梳板头、穿花盆底鞋），文场锣鼓镲齐响，四个样头在天平架子两边，左右各两人，四人都左手拿手帕，右手向前伸，伸一回手一低头，三回三低头，也称三参。

杠箱会参驾时，杠箱官带领全体练儿，杠箱官可前可后，用三参参驾。

跨鼓参驾时，由会首带领齐响，三参参驾。

旱船会参驾时，全体练儿拱手、低头、打三参。

小车会参驾时，是由会首带领请安，三参参驾。

踏车会参驾时，由头车参驾，参驾时先有两个拿旗子的人扶着车把，参驾人往前一蹿双手扶把，双腿跪在车座子上，前后共蹿三次，跪三次，称作三参参驾。

其他各会档参驾时，一般都是打三参施礼参驾。

第五节

# 花会的祖师崇拜

## 一、谁是祖师

不光是精品十三档，民间花会的各会，包括文会、武会，都有自己崇拜的偶像，称“祖师爷”。

“祖”，初始也。祖师，就是开创者或创始者。启蒙读物《幼学琼林》中说，车是黄帝发明的，所以小车会、踏车会就把黄帝称为祖师爷。这里的“爷”没有实际意义，就是一种尊称。

还有像杠子会的练儿多为棚匠，所以就奉鲁班为行业祖师。石锁、双石会也因鲁班是有技术的人，故将其奉为祖师。

有的祖师不一定与该行业有直接关系，但出于他的名气，往往也被拉来做祖先。如唱鼓词的奉周庄王为祖师。周庄王，应该就是周庄，即庄子。他妻死后他不但没哭，反而敲着瓦盆高歌。人们问他为什么不哭？他则表示妻子死了是一种解脱，值得庆祝，故而歌之。能歌，且名气大，于是成为上述二会的祖师。也有人说，周庄王是古代周国的一位国王，击鼓化民，说书正风。

有些祖师，尽管名气大，却并非凡界的人类，而是传说中的人物，也许并不存在，但是仍然被拉来，成为某一会的祖师，如五虎打路会的祖师孙悟空。孙悟空是传说中的神猴，非人类，为何他也成为五虎打路会的祖先呢？一来五虎打路耍棍，而孙悟空手中的金箍棒也是棍，玩的家伙相同，可算同行；二来孙悟空武艺高强，神力无边，而这也正是五虎棍所追求的；三来孙悟空火眼金睛，爱憎分明，眼里不揉沙子，五虎打路中的赵匡胤、郑子明等正面人物，也正是路见不平、拔刀（棍）相救的英雄人物。综上所述，将孙悟空当祖师爷再合适不过了。

具体说来，精品十三档各会（含外三档）祖师爷见下表：

| 会档 | 祖师 | 会档 | 祖师 |
|---|---|---|---|
| 开路 | 地藏王菩萨 | 五虎棍 | 斗战胜佛 |
| 中幡 | 真武大帝 | 高跷秧歌 | 文昌帝君 |
| 舞狮 | 文殊菩萨、普贤菩萨 | 双石头 | 鲁班 |
| 石锁 | 鲁班 | 杠子 | 鲁班 |
| 花坛 | 太上老君 | 吵子 | 电母 |
| 杠箱 | 狱神（皋陶） | 天平 | 周庄王 |
| 神胆 | 雷公 | 云车 | 黄帝 |
| 旱船 | 龙王 | 脚踏车 | 黄帝 |

### 1. 地藏王菩萨

在释迦圆寂后，地藏受其委托，担当起教化六道众生的责任，并被释迦任命为“幽冥教主”，管理阴间。他曾在佛前立下誓言：地狱未空，誓不成佛。佛教界把他奉为四大菩萨之一，成为冥界的最高主宰。开路会的练儿都要按五鬼形式装扮，所以奉地藏王菩萨为祖师爷。

### 2. 真武大帝（又称玄武）

早在黄帝时代即已出现玄武之名，太子出身，出走学道，入武当山修炼，学成后被玉帝派往北方镇守。宋代因避其祖赵玄郎名讳，改玄武为真武。玄武与青龙、白虎、朱雀共为道教护法，镇守四方。

真武大帝威风凛凛，四面生风，所以又被玉帝派为掌旗官，所以中幡奉其为本会祖师。又一说法，明代的永乐皇帝是真武大帝的托生，幡旗为其手下军队的标志，所以中幡以其最高统治者——真武大帝（永乐皇帝）为祖师。

### 3. 文殊菩萨、普贤菩萨

文殊菩萨是释迦大弟子，文殊本意为“妙纯”，专管智慧。文殊的坐骑是一头青狮，即是狮子会奉文殊为祖师。

普贤也是释迦的弟子，普贤本意为“理德”，推崇善行。普贤菩萨的坐骑本为白象，象征大慈力。也有人说普贤菩萨的坐骑是黄毛吼，与青狮一样，成为狮子会最初的造型，所以普贤菩萨也被称为狮子会的祖师。

### 4. 鲁班

鲁班又称公输般，鲁国人，故称鲁班，是历史上最早的能工巧匠，尤以工匠活见长。鲁班先后发明了刨子、凿子、锛子、锯、斧、钻、曲尺、斗等工具。虽然鲁班是否实有其人尚存争议，但他名副其实地成为古代劳动人民勤劳智慧的象征。所以但凡与技艺有关的行业，大都奉其为祖师爷，如瓦、木、石、绳、竹、油漆、彩棚、裱糊业等。石锁、双石、杠子等与技艺有关，所以奉鲁班为祖师爷。此外，许多文会如巧炉老会、修路老会、彩棚老会等也奉他为祖师爷。

### 5. 太上老君

太上老君名李聃（老子），楚国人，曾任周朝官吏，博览群书，学富五车，其所著五千言《道德经》成为道教经典。由于他曾支起八卦炉炼丹，所以打铁业、补锅业、烧窑业奉其为祖师。花坛会所用花坛大多为瓷、陶，由窑中烧制，所以也奉太上老君为祖师。

### 6. 狱神（皋陶）

皋陶系尧时代的最高法官，不仅制定法典，而且执法断案，首创牢狱。早年间，狱中往往供有神龛，犯人每天要参拜。由于杠箱会表演的是杠箱官接受百姓告状的情节，所以供奉皋陶为祖师。

### 7. 雷公

夏日狂风大雨来临之际，往往还带有隆隆的雷声，响声震天。古人好将自然界的一些现象赋予神力，称为雷神，并以人间的许多名人与之附会。历史上的雷神包括黄帝、《封神演义》中的雷震子等。其中流行最广的是雷州半岛上的陈文玉。据说他是被人从外面捡回的大肉球，在电闪雷鸣中从肉球中跳出，左手写有“雷”字，故为雷神。跨鼓老会鼓声震天，恰如雷鸣，所以奉雷神为祖师。

### 8. 龙王

龙为传说中的吉兽，专司风雨。百姓为求农业生产丰收，无不向它祈雨，祈治水，所以大小龙王庙遍布城乡，香火旺盛。旱船来源于水上，所以与龙王有关，故供奉龙王为祖师。文会中的桥板老会、栏杆老会、绳杆老会等因大多与水有关，也同样供奉龙王。

### 9. 斗战胜佛

斗战胜佛即孙悟空，源于《西游记》一书。孙悟空神通广大，降妖无数，故称为斗战胜佛，被以棍术为主的五虎棍会奉为祖师。

### 10. 黄帝

黄帝是传说中的人物，被誉为民族始祖，因住轩辕，所以又名轩辕。其所处时代，文明成果纷纷涌现，如天文历法、文字、造车、宫室建筑技术、算术、音律等。小车（云车）、脚踏车（自行车）奉其为祖师爷。

### 11. 电母

雷公的配偶即电母，雷电相交，相互配合，在《封神演义》中称金光圣母。相传，雷神轰打凡间的恶人，常由电母负责照明。吵子会所用乐器，犹如电母手中打闪用的手镜，金光闪亮，有如闪电。敲打时随之发出巨响，如雷电相交，所以吵子会奉电母为祖师。

### 12. 周庄王

周庄王是春秋战国周国的一位国君，因善于通过说书来正风化，所以很受百姓欢迎。传说周庄王身边有不少能说会道的大臣，并以此形成了四种曲艺形式，即鼓词、评书、快板和相声。因此说书业奉周庄王为祖师。天平会也是一种演唱形式的曲艺，所以也供奉周庄王为祖师。

### 13. 文昌帝君

魁星，又称为文星，主管文匠，被道家誉为主掌功名利禄之神，唐朝时尊为大神，称文昌帝君。南宋有道士假托其名著《阴骘文》，劝人行善积德。高跷、秧歌两会以及掸尘、裱糊、攒写等会奉其为祖师。

设立祖师爷，这是过去各行各业普遍奉行的一种行规，也是一种管理制度。有人归纳它的功能为三大类：首先是凝聚力，以祖师崇拜，其主要精神作为凝聚人心、形成向心力的核心。其次是规范管理，将祖师的教诲作为制定规范的基础，信奉祖先的前提就是认同祖先的教诲。最后是提高自己在本行业中的知名度、荣誉感和文化内涵，使祖师具有品牌的价值。

## 二、为什么要拜祖师

行业祖师信仰属于民间信仰。民间信仰的最大特点，就是信仰对象的产生，直接源于民众生产生活的需求。而这种需求似乎更多于对未来的需求，从而显得更实际、更具体。

民间信仰的对象，经历了从自然至具体人物的崇拜。“日月星辰，民所瞻仰也；山林川谷丘陵，民所取材用也，非此族也，不在祀典。”《礼记·祭法篇》中的这段论述，对于民间信仰的对象、作用都做了明确的表述。这正是民间信仰与民众生活更贴切，追求更实际、更具体的结果。之后，信仰对象又由自然发展至佛、道中的各种神祇。最后，这种信仰对象落在古代先贤、圣人、能人、巧匠等著名历史人物身上，由此，行业祖师的信仰便得以产生。

在这里，行业祖师信仰与其说是对虚无缥缈神灵的追求，不如说是对可敬祖先的崇敬、祭典，祈盼祖先来庇佑和帮助人丁兴旺、丰衣足食。这种以祖先为崇拜对象的民间信仰，更显出人情味和对亲族关系的强调，这也是中国宗法社会体制在行业管理中的具体体现。行业祖师崇拜通过许愿、还愿、庙会、上香、酬神（香会、戏剧、曲艺表演）等民间化的信仰方式，来实现上述目的。

这里强调的行业祖师，并不是行业神。行业祖师一来反映了民间信仰在行业中的特点，二来强调了行业信仰对象的祖宗崇拜倾向，由此也必然更显得充满人情味，而不是不食人间烟火、高高在上的神祇。

况且，按照中国人的习惯，所谓神，往往其本源也是人，只因其非凡的业绩、高尚的品格，受到世人的尊崇，由此被推崇成了神。这是一个人格神圣化的过程。被尊为祖师的著名人物，因受到崇拜，自然也就居于了神的地位，这也是不争的事实。神是人创造的，同时，人也可修炼成神，这正是儒家思想所强调的人格追求。比如明代的杨松庵，因直谏奸臣严嵩被迫害致死。人们出于对他精忠报国的敬仰，曾尊其为北京城的保护神——城隍爷。如今东岳庙中城隍殿中城隍爷的形象就是仿照明代人物塑造的。

行业祖师信仰是一种古老而神秘的文化现象。那纷繁的群体、传统式的内容，尤其是同一行业在不同时期、不同地区所存在的不同信仰，常常令人觉得过于随意，缺少理论上的说法，甚至在西方现代经济理论、管理科学的诸多著述中，也很难找出对行业祖师信仰的论述。显然，这种神秘而古老的文化只有在东方文化体系中，特别是中国文化体系中存在，它更多地体现的还是我们自己的文化传统，这是名副其实的中国特色。而在历史上存在几千年的祖师崇拜则表明，它具有十分强大的生命力，与民族的历史和文化紧密相连，可以成为建设有中国特色社会主义的不可或缺的文化资源。巴尔扎克说过：只有用人类的全部知识武装起来的人才是最有力量的。

可见，研究行业祖师信仰不仅仅是在整理国故，更是在为今天的建设寻找重要的精神动力。

## 第六节

# 花会的经济来源

在过去，花会表演俗称“走会”，主要为祭神进香而举办，从而确定了其必须是公益性的功能。花会有的是在农村举办的，有的是商业或手工业行会办的，还有的是一个地区的大善士牵头组织的。行香走会一是为了“酬神献艺”，二是为了要个名声，俗称“耗财买脸”。以去妙峰山朝顶进香的民间花会为例，可以分为两种，一种是正会，一种为会外会。正会完全是公益性的，平时不走会，不献艺，只有到妙峰山去朝顶进香时才组织起来走会，沿途进行技艺表演，表现出一颗对神的虔诚之心。另一种花会则是平日里以此项技艺为业，如天桥耍中幡的、耍叉的、耍坛子的、唱八角鼓的、演什不闲的等。平时撂地卖艺，养家糊口。到了庙会期间，这些艺人则组织起来，到妙峰山去行香走会，为庙中的神佛，为朝顶的香客们表演技艺。但这种花会不能列入正会，只能称为“会外会”。

正会不准以自身的技艺去卖艺挣钱，凡是落地挣钱的，称为“拿黑杵”。正会是绝不准拿杵的，一旦落地做了生意，就不准用其花会的名号了，必须改名称，否则就是对神灵的一种亵渎。

正会不准落地挣钱，在清代时是相当严格的，进入民国之后，就放松多了。在天桥中有耍中幡、耍叉、耍坛子的，成为了杂技的表演项目，有的撂地摊、有的搭棚卖票。像八角鼓从八旗子弟的“玩意儿”发展成为了曲艺项目的单弦儿，不仅在书馆、茶园中演出，还走上了舞台。他们再到妙峰山娘娘庙去进香，打什么旗号，也没有人干涉了。

在市场经济的今天，传统的花会组织必然也面临着新的难题。其特征之一，就是自娱自乐（以及之前的酬神）功能和经营利润的矛盾日益突出。

从众友同乐开路圣会的发展轨迹来看，其具有明显的市场化导向。飞叉技巧的表演并不只在信仰所在地呈现，这档会吸收了京剧、舞蹈、武术、杂技等新鲜元素，它的表演逐渐舞台化。这种情形使开路圣会“耗财买脸”的仪式过程逐渐淡化，取而代之的是地坛庙会、龙潭庙会上的表演和比赛。它在龙潭庙会得过五连冠奖杯，并获得一定数额的奖金。

众友同乐开路圣会的会首张文礼凭着个人的物质基础养着这档会，用自己对花会的极大热情和兴趣将这档会的练儿们凝聚在一起。该会没有皇会的历史荣誉，也并非因信仰而生，它除了一年一度的妙峰山朝顶进香之外，更多的是自娱自乐式的表演。在这种形式的表演过程当中，自然需要观众作为催化剂，催生出龙潭庙会、地坛庙会这类比赛活动，从而让花会练儿们有玩下去的动力。

由此可见，走市场化道路是适应当今社会的一个趋势。何谓“市场化”，文场负责人张金祥说道：拿我们民间花会的文艺做买卖，得到一定利润，他们（社区）得利润，我们也得利润，就是出去挣钱，这叫市场化。如果没有市场就不会有观众，花会自然就难以为继（2009年7月30日访张金祥）。

与张文礼一样，同为花会泰斗隋少甫弟子的孙忠喜，对关于他为会首的群英同乐小车圣会，则采用了与张文礼略有不同的经营管理模式，以维持活动的正常开展。

该会每年的表演活动主要还是以具有浓厚宗教色彩的妙峰山朝顶进香为主。会首孙忠喜深受师父和师兄弟的影响，对于妙峰山庙会有一种特殊的感情，所以每年妙峰山的活动中，群英同乐小车圣会一定会全体到齐。同时该会在城里还进行各种的商业表演，活动的主办方会给予一定的报酬。政府或民间机构组织的大型民间文化公益活动，也有以个人名义请他们进行表演的，主要为红白喜事、商业庆典等。这几年随着群英同乐小车会的表演越来越受到人们的欢迎，商业表演的邀请也渐渐多起来，各种商业表演，每年大概要承接三四十场。公益活动主要集中在春节、五一和十一黄金周。在这段时间，差不多每天都有演出，而且一天下来要演两三场。他们还会参加市、区组织的民间花会大赛，这是和其他花会切磋技艺的好机会。

商业表演产生的收入并不会分给个人，而是由全体成员共享。收入除去保证组织基本运作的部分之外，剩余的部分都用在集体的各项休闲活动中。他们经常会一起聚餐、郊游。到了周末，会首孙忠喜家经常会聚集许多会里的朋友，大家一起聊天、吃饭。此外，过年、过节会首和骨干们还会组织慰问会员。新年团拜会、家属答谢会每年举办一次，发放米、面和油之类的慰问品，再包上几十块钱的红包，以表心意。群英同乐的会员无论表演与否，凡是集体外出活动，都会穿上会里统一的队服，以展群英同乐的气势。

群英同乐小车圣会的活动一直以非商业性为宗旨，会首和会员们不允许任何人以赚钱为目的来参加活动。但是作为一个纯粹的民间组织，他们和很多城中的花会一样，没有任何来自政府机关、民间机构的资助，需要自己筹集资金。花会初建时的投资都是由会首孙忠喜承担。在随后的发展运作当中，该会的资金运转是一种共筹共享的状态。

据说北京丰台区东管头村的五虎少林会几乎不参加社会上各种形式的商业演出，而是一直在坚持助善同乐的传统。好在该会已然被列入区级非物质文化遗产保护名录，为此每年可获得一万元的资金补助。然而，该会至今也未产生固定的资金支持，因此常常入不敷出。所以，不确定的资金来源并不能满足花会日常开销和走会费用。资金不充足时，会首只能自行垫付，老会首孙继凤称花会为“消费会”。现代社会中的花会希望保持助善同乐的传统，而这种互助传统与花会身处其中的市场竞争形成了矛盾，花会希望传承高尚的精神传统，但是其赖以生存的经济基础还并不稳固。花会为社会提供着公共文化服务，但是维持其正常运行的资金支持却大多由会员私人提供。令人宽慰的是，非物质文化遗产保护工作的推进，有助于在全社会形成崇重传统、爱护传统的良好氛围。而这正是民间花会能够健康成长的必备基础。

现在北京比较正规的花会经济收入情况是这样的：以1997年来说，春节期间各公园举办的庙会，被邀请参加表演的花会平均一天收入1000

元人民币。在庙会上演出10天，便可以收入1万元。花会参加城里商号的开张庆典时，每个人都可以得到一个红包。另外一些传统人家过生日、婚丧嫁娶等活动，邀请花会前去表演祝贺，都有红包相赠，还可以在主家喝酒吃饭。这样一种情况，就造成各花会之间的竞争，那些技艺高超的演员当然是各花会竞相争夺的目标。许多关系较广的会档由此迅速走红，较顺利地实现了由公益性向盈利性的转变。

参加这样的活动，往往是瘾也过了，脸也露了，饭也吃了，钱也赚了。尽管一些上了年纪的人对此很是不以为然，觉得这是坏了祖宗的规矩，然而年轻人却不这样看。在他们看来，自己凭本事吃饭，卖了力气，本家收获欢乐，自己合理合法挣钱，这没什么不好。

只是在每年上妙峰山朝顶进香时，人们仍然是分文不收，传统一直保持。由此，他们标榜着自己特有的传统，反而成为花会市场认可的良好宣传。

民间花会的产生，离不开当年的外界大环境。同理，如今花会的发展，也必须与时代的进步紧密相连。将这项事业传承下去，并使之更加兴旺，这也正是历代民间花会艺人们努力的目标。细想起来，那些固守传统的人，心中不愿自己花费了心血的事业传不下去。相反，他们当中一些独具慧眼的人，如隋少甫、杨德明等先辈，则审时度势，及时转变了观念，为后人树立了学习的榜样。“只有丢得下，才能收得起”，民间花会正是在这种不断创新中才能始终保持着旺盛的生命活力。

# 参考书目

BIBLIOGRAPHY

中国民族民间文艺集成编写委员会：《中国民族民间舞蹈集成（北京卷）》，中国ISBN中心出版社1989年版。

吴效群：《妙峰山北京民间社会的历史变迁》，人民出版社2006年版。

隋少甫、王作楫：《京都香会话春秋》，北京燕山出版社2014年版。

孙景深、刘恩伯：《北京传统节令风俗和歌舞》，文化艺术出版社1986年版。

刘芹：《中国古代舞蹈》，商务印书馆2007年版。

孙庆忠：《妙峰山香会组织的传承与处境》，知识产权出版社2011年版。

习五一：《北京的庙会》，北京出版社2000年版。

金宏图：《幡鼓齐动十三档》，世界图书出版公司2007年版。

# 后记

AFTERWORD

许多年前，由于参加一个花会比赛的评选，使我有机会与民间花会界的朋友相识。

花会泰斗隋少甫先生逝世三周年，北京民间文艺家协会举办了追思会。几位传人、亲属的亲身回忆，使我对隋老献身花会事业的痴情所感动。

随着对民间花会了解地不断深入，对它的热爱，对广大会首、练儿们为振兴民族文化而付出的心血和努力产生深深的敬意。2013年妙峰山春季庙会上，西直门外五虎打路的会首赵宝琪带病来到灵感宫前，亲操井臼指挥了五虎打路的酬神表演。正当表演达到高潮之际，只见空中忽然狂风大作，一团乌云从天而降，卷过赵老头顶，直向殿宇撞了过去。这时的赵老，正使出平生力气，聚精会神地进行指挥，丝毫不为这突如其来的狂风所动。那份投入、那份虔诚，谁看见都会留下难以磨灭的印象。

所以，写作本书，不仅是系统学习和介绍民间花会丰富内容的重要机会，更是被花会会首、练儿们的献身精神所鼓舞、所激励。

有人说民间花会已走向末路，这实在是杞人忧天，这项历史源远流长，在百姓之中占有崇高位置的民间艺术，一定能够在市场经济的大潮中浴火重生，焕发出新的青春和活力，拥有一个更加美好、灿烂的明天。

本书的出版，得到北京市文联领导的支持，尤其是北京民间文艺家协会的史燕明、苑柏同志，为此花费了不少心血。王晓琦负责联络，做了大量的具体工作。东城艺术家协会的韩庄生老师提供了大量照片。北京出版集团给予了具体的指导。所以说，本书的出版，是大家共同努力的结果。衷心感谢所有给予支持和帮助的朋友们，并恳请广大读者批评指正。

高　巍

2015年6月30日